DANS LE MONDE DES CASTORS

de

Enos A. Mills

Dans le monde des castors

de

Enos A. Mills

Paru sous le titre original

In Beaver World

Traduit de l'américain par A. R. Béhuret

Biographie et fiche par A. R. Béhuret

Copyright © Enos A. Mills pour le texte original.
Copyright © Justine A. R. Béhuret, 2017 et 2018, pour la traduction française sous le nom de A. R. Béhuret, la fiche sur le castor et la biographie d'Enos A. Mills.
Copyright © Justine A. R. Béhuret, 2018, pour la présente édition.

ISBN : 979-10-97517-03-8
Dépôt légal : août 2018

Sommaire

Partie 1 : Dans le monde des castors	p. 5
Préface	p. 7
1. Travailler comme un castor	p. 9
2. Notre ami le castor	p. 19
3. Le castor du passé et le castor du présent	p. 31
4. Comment les autres le voient	p. 40
5. Le barrage de castors	p. 46
6. Temps de récolte avec les castors	p. 56
7. Moyens de transport	p. 68
8. La maison primitive	p. 78
9. L'ingénierie du castor	p. 91
10. La colonie en ruine	p. 99
11. Les castors pionniers	p. 111
12. La colonie en hiver	p. 122
13. Le tout premier conservationniste	p. 132
Partie 2 : Autres récits sur les castors	p. 139
14. Voyager avec un castor	p. 141
15. Sécheresse dans le monde des castors	p. 149
16. La persévérance des castors	p. 154
17. Reconstruire une colonie de castors	p. 163
18. Famine chez les castors	p. 175
19. Le castor et ses ouvrages	p. 182
Fiche sur le castor	p. 192
À propos de l'auteur : biographie	p. 197
Index	p. 208

Partie 1

Dans le monde des castors

Castor assis sur sa queue

Partie 1
Dans le monde des castors

À J. Horace McFarland

Paru sous le titre original

In Beaver World

Traduit de l'américain par A. R. Béhuret

Copyright © Enos A. Mills, 1913, pour le texte original.
Copyright © Justine A. R. Béhuret, 2017 et 2018, pour la traduction française sous le nom de A. R. Béhuret.

Préface

Ce livre est le fruit de vingt-sept années passées à étudier et observer les castors. Au cours de ces vingt-sept années, j'ai parcouru tous les États-Unis et j'ai visité le Mexique, le Canada et l'Alaska. Pendant ces voyages, j'ai pris note des arbres, des oiseaux, des fleurs, des glaciers et des ours et j'ai dévoué une attention toute particulière aux castors. Je n'ai manqué aucune opportunité d'étudier les castors et nombreux de mes voyages furent longs dans le seul objectif d'étudier les conditions de vie dans les colonies de castors ou de procéder à des mesures dans les ruines d'anciennes colonies. J'ai observé les castors par toutes les saisons de l'année et j'ai souvent passé une semaine par colonie. J'ai pu voir le castor travailler de très nombreuses fois et à certaines occasions, je pouvais en voir douze travailler en même temps.

Le castor est depuis longtemps mon voisin. Autrefois, il y a vingt-cinq ans, je pouvais partir de ma cabane n'importe quand pour aller sur la pente du pic Longs[1] dans le Colorado et voir de nombreuses colonies à moins de quinze minutes à pied. J'ai étudié et observé ces colonies proches de chez moi au printemps, en été, en automne et en hiver.

Un automne, j'ai consacré tout mon temps à observer et à regarder les activités des castors dans quatorze colonies. Pendant soixante-quatre jours d'affilée, j'ai visité ces colonies dont trois que je visitais deux fois par jour. Ces observations quotidiennes m'ont permis de voir comment les castors se préparaient pour l'hiver, du début jusqu'à la fin. Elles m'ont permis aussi de comprendre certaines choses que je n'aurais pu découvrir en les visitant plus rarement. Durant cet automne, j'ai vu les castors construire deux maisons et réparer et enduire plusieurs autres maisons. Je les ai vus aussi creuser un canal, réparer plusieurs anciens barrages et en construire deux nouveaux. Dans trois de ces colonies, j'ai compté chaque jour le nombre supplémentaire d'arbres que les castors avaient

---

1 NdT : le pic Longs, ou *Long's Peak* en anglais, est un sommet des Montagnes Rocheuses.

coupés pour leur récolte. J'ai vu de nombreux arbres tomber et j'ai noté la façon dont les castors les déplaçaient sur la terre et les faisaient flotter sur l'eau.

Un grand nombre des articles de ce livre ont été écrits spécialement pour des revues. D'autres parties de ce livre ont été utilisées dans mes autres livres comme *Vie sauvage sur les Rocheuses*. « L'ingénierie du castor » est paru dans le *Saturday Evening Post* et je remercie *McClure's* pour avoir pu réutiliser mon article sur « Les castors pionniers ».

Les ouvrages et travaux réalisés par les castors ont une valeur éducative et économique en plus d'ajouter du charme à la nature. Le castor est un professionnel tenace de la conservation de l'environnement et ne devrait pas disparaître de nos collines et de nos montagnes. Le castor a de nombreuses façons intéressantes de faire et de vivre, il est si utile, habile, talentueux, ingénieux et charmant que sa vie et ses actes méritent une plus grande place dans la littérature et dans notre cœur.

E. A. M.

Deux nez de castors qui se touchent

Chapitre 1
Travailler comme un castor

Un jour de septembre, je vis un certain nombre de castors travailler sur une maison à moitié finie. Une partie de la maison dépassait de 60 centimètres de l'eau. De nombreux bâtons et bouts de bois étaient posés sur la partie de la maison hors de l'eau. Les bâtons reposaient sur la fondation juste au-dessus du niveau de l'eau. Après avoir arrangé les bâtons, les castors les recouvrirent d'herbe et de boue qu'ils récupérèrent au fond de l'étang. En remontant la boue qui servirait à recouvrir la maison, les castors sortaient systématiquement de l'eau à un endroit précis : par un des côtés de la maison transformé en rampe d'accès par le passage des castors. D'ici, ils grimpaient sur la maison et une fois arrivés à l'endroit voulu sur la maison, ils déposaient dessus leur boule de boue qu'ils tenaient entre les mains. Puis de cette hauteur, ils descendaient directement dans l'eau et quand ils émergèrent de nouveau de l'eau avec une nouvelle boule de boue, ils remontaient encore par le côté de la maison.

Les castors réalisent souvent beaucoup de choses en peu de temps. Ils peuvent construire un petit barrage en quelques nuits. Ils font tomber des arbres et réalisent un long terrier ou un tunnel en creusant dans la terre avec leurs griffes en un temps relativement court. En revanche, la plupart des ouvrages de grande ampleur que les castors réalisent sont comme des monuments anciens et nécessitent une longue période de construction. Ces ouvrages monumentaux sont parfois le travail de plusieurs générations. Il est rare qu'un grand barrage ou un canal soit construit en une saison. Un barrage de 300 mètres représente un travail s'étalant sur plusieurs années. Un castor âgé peut très bien avoir vécu toute sa vie au même endroit, être né dans la même maison que ses parents sont nés et se lever un matin et regarder le barrage de 300 mètres qui retient l'étang en se disant : « mes ancêtres ont commencé ce barrage des siècles auparavant et je ne sais pas lequel de mes grand-parents l'a terminé. »

Bien que les castors soient infatigables et travaillent vite, ils ne travaillent pas à moins que cela ne soit nécessaire. Ils passent habituellement leur été comme des nomades à parcourir la nature loin de chez eux. Leur période de travail la plus importante est pendant septembre et octobre lorsqu'ils coupent et récoltent des arbres et se préparent pour l'hiver. Les bébés castors participent aussi à la récolte des arbres bien qu'ils n'accomplissent pas grand chose. Les castors passent alors leur hiver en suivant des semaines de routine dans la maison et les étangs avec rien d'urgent à faire à part dormir et manger.

Le castor ne travaille pas seulement avec ses dents et ses ongles mais aussi avec sa queue. La queue est l'un des organes les plus visibles du castor. Beaucoup de choses ont été écrites à son sujet. Elle est presque plate, de couleur noire et c'est un appendice pratique que le castor utilise énormément. La queue sert de navigation, de siège, de support, de propulsion et de signal. Il se peut que la queue serve de truelle mais je ne l'ai jamais vue être utilisée comme ça. Elle sert aussi un objectif qui n'a apparemment pas été abordé dans les livres. À quelques reprises, j'ai vu un castor porter une petite quantité de boue ou quelques bâtons serrés entre sa queue et son ventre. Cela donne à cet animal déjà maladroit une maladresse supplémentaire et même une apparence grossière de le voir se déplacer recourbé avec la queue entre les pattes afin de maintenir quelque chose contre son ventre.

Le castor est un être accompli dans l'utilisation de ses bras et de ses mains. Avec ses mains, il est capable de tenir des bâtons et de les manier avec une grande dextérité. Comme tout animal doté de griffes, il utilise ses mains ou ses pattes avant pour creuser des trous, des tunnels, des terriers et des bassins d'eau. Ses pieds arrière lui sont la principale puissance de propulsion pour nager bien que la queue, qui peut être tournée presque sur le côté et est capable de mouvement diagonal, soit parfois amenée à jouer un rôle dans la propulsion quand le castor est à son plus rapide. Dans l'eau, le castor se déplace facilement et avec apparemment le plus grand plaisir. Les castors sont des nageurs merveilleusement rapides et agiles, ce qui contraste nettement avec leur lenteur maladroite sur la terre ferme. Ils peuvent nager 200 mètres dans l'eau sans revenir une seule fois à la surface et ils sont capables de rester sous l'eau pendant cinq à dix minutes. Une fois, un castor est resté sous l'eau pendant plus de onze minutes et remonta apparemment à la surface sans aucun problème malgré une longue apnée.

C'est lorsqu'il se tient debout et droit que le castor est à son mieux. Dans cette posture, sa maladresse et son apparence terne à quatre pattes disparaissent et il devient une véritable sentinelle. Avec ses pieds parallèles et alignés, la queue qui repose au sol en angle droit par rapport au corps, les mains contre la poitrine, il a l'enthousiasme heureux et enfantin d'un tamia[2] qui se tient debout et la vigilance d'un ours grizzly qui s'est redressé sur ses pattes arrière pour écouter autour de lui.

Le castor est plus grand que la plupart des gens ne l'imaginent. Les mâles adultes mesurent à peu près 95 cm de long et pèsent environ 17 kg, mais il arrive parfois d'en trouver qui pèsent plus de 30 kg. Dix mâles adultes que j'ai mesurés dans les Montagnes Rocheuses avaient une longueur moyenne de 100 cm pour un poids moyen de 20 kg. La queue de ces dix mâles mesurait en moyenne 25 cm de long et 11 cm de large dans le milieu et faisait 2,5 cm d'épaisseur. La circonférence moyenne était de 53 cm derrière les épaules et de 71 cm autour de l'abdomen. Les dix femelles adultes que j'ai mesurées étaient un brin plus petites.

Le castor possède vingt dents ; chacune des mâchoires possède huit molaires et deux incisives. Les quatre dents de devant sont grandes, teintées d'orange, puissantes et leur bord en émail est auto-aiguisant. Les oreilles sont très petites et rondes. Le sens de l'odorat apparaît être le sens le plus développé chez le castor. À côté de ça, le sens de l'ouïe semble être celui qui transmet le plus d'informations. Il a une faible vue. Les pieds arrière sont grands et palmés et ressemblent à ceux d'une oie. La deuxième griffe de chaque pied arrière est double et est utilisée pour peigner la fourrure et déloger de la peau les

---

2   NdT : les tamias sont des rongeurs de la même famille que les écureuils et les marmottes. On les appelle aussi chipmunks ou suisses. Ils ressemblent à de petits écureuils.

parasites. Les pattes avant du castor sont comme les mains et ont des griffes longues et puissantes. Elles sont utilisées de la même manière que les singes utilisent leurs mains et remplissent un certain nombre de fonctions.

    Le castor a une couleur brun rougeâtre, parfois tirant vers le brun très foncé. Certains spécimens sont blancs ou noirs. Le castor n'est pas un bel animal et, lorsqu'il est en mouvement sur la terre, il est maladroit. La peau noire qui recouvre sa queue a l'air d'être couverte d'écailles : la peau a simplement cette forme et cette apparence mais les écailles n'existent pas. La queue ressemble quelque peu à l'extrémité d'une rame.

    Les outils les plus importants de ce travailleur sont ses quatre dents de devant oranges. Leurs dents sont des outils de pointe acérés et très bien adaptés à leur vie. Elles sont fixées dans des mâchoires puissantes et fonctionnent grâce à des muscles forts. Ainsi équipé, le castor peut facilement couper du bois. Les dents du castor poussent avec une rapidité surprenante. Si un accident les fait tomber et qu'ainsi la dent supérieure et la dent inférieure ne se touchent plus et ne s'usent donc pas, elles pousseront l'une après l'autre et deviendront incroyablement longues en peu de temps. J'ai trouvé plusieurs castors qui étaient visiblement morts de faim ; leurs dents se chevauchaient avec des mâchoires grandes ouvertes, les empêchant ainsi de se procurer de la nourriture. Pendant un temps, j'ai eu en ma possession une dent d'une croissance excessive qui était en forme de croissant et mesurait un tout petit peu plus de quinze centimètres de long.

    Considérant son poids, le castor est un animal puissant et sur un sentier difficile ou accidenté, il peut traîner des objets de deux fois son propre poids ou rouler des sections de bois d'une taille gigantesque. Face à un fort courant, il peut tirer dans l'eau un jeune arbre de 35 ou 45 kg sans signe d'effort. Trois ou quatre castors peuvent pousser ensemble et faire rouler des grosses pierres de 55 kg pour les placer dans un barrage. Le castor fait couramment les choses au moment opportun et le plus facilement possible. Il ne perd pas son énergie à construire un barrage là où il n'y en a pas besoin ni entreprendre des travaux de construction en période de crue.

Le castor tient compte de la profondeur de l'eau et construit des barrages pour rendre des endroits peu profonds plus profonds.

La nourriture du castor est composée en grande partie d'écorce interne d'arbres à feuilles caduques ou à feuilles larges. L'arbre principal qu'ils mangent est le tremble, bien que le peuplier et le saule soient mangés à volonté. Ils consomment aussi l'écorce du bouleau, de l'aulne, de l'érable, de l'érable américain et de plusieurs autres arbres. Sauf en cas d'extrême urgence, le castor ne mange pas l'écorce du pin, de l'épicéa ou du sapin. Le castor a de la chance que les arbres qu'il fait tomber pour manger ou pour construire des maisons et des barrages sont des arbres qui aiment l'eau et qui non seulement poussent à la fois de la souche et de la racine mais aussi grandissent extrêmement vite. Parmi les autres aliments que les castors consomment dans une moindre mesure, on retrouve les baies, les champignons, le carex[3], l'herbe et les feuilles et les tiges d'un certain nombre de plantes. En hiver, ils consomment parfois l'herbe séchée et les feuilles ainsi que les rhizomes des lys des étangs et les racines du saule, de l'aulne, du bouleau et d'autres arbres aimant l'eau qu'ils peuvent attraper au fond de l'étang. Les castors sont des végétariens, ils ne mangent pas de poisson ou de chair.

Les castors préfèrent apparemment couper des arbres qui mesurent moins de 15 centimètres de diamètre et, là où des branches plus fines abondent, il est rare qu'un arbre de plus de 10 centimètres de diamètre soit coupé. Mais il n'est pas rare de voir des arbres abattus qui mesurent entre 30 et 40 centimètres de diamètre. Je possède trois souches abattues par des castors qui ont un diamètre dépassant les 45 centimètres, la plus grande ayant un diamètre de 86 centimètres. La plus grande souche coupée par un castor que j'ai pu mesurer se trouvait sur la rivière Jefferson dans le Montana, à côté de l'embouchure du ruisseau Pipestone. La souche mesurait 106

---

[3] NdT : le carex, appelé communément laîche, est un genre de plantes dont les feuilles sont souvent coupantes. Les tiges sont droites et triangulaires, les fleurs sont en épis. Le carex croît dans des zones humides comme les étangs.

centimètres de diamètre.

Le castor s'assoit droit avec les pattes de devant appuyées contre un arbre ou alors il serre l'arbre entre ses deux pattes avant. À demi accroupi sur ses pattes de derrière, avec la queue soit étendue derrière lui comme un support, soit repliée sous lui comme un siège, il penche la tête d'un côté et mord profondément dans l'arbre à environ 40 centimètres au-dessus du sol. Dans la très grande majorité des arbres abattus par les castors que j'ai pu voir, la plupart du temps, ils faisaient l'entaille sur un côté – comme si les castors coupaient les arbres d'un côté et étaient assis sur un siège. Bien que les castors fassent des entailles grossières, elles sont faites de la même façon qu'un bûcheron se servant d'une hache. Le castor mord dans l'arbre en haut et en bas puis, passant ses dents derrière le morceau ainsi entaillé, il pousse, force ou tire le morceau avec les dents pour l'en sortir, semblant souvent utiliser sa mâchoire comme un levier. Avec les trembles ou d'autres arbres tout aussi tendres, il faut environ une heure à un castor pour ronger et faire tomber un jeune arbre de 10 centimètres de diamètre. Avec une seule morsure, il peut couper une branche entre 1 et 2 centimètres de diamètre.

Après avoir fait tomber à terre un arbre, le castor coupe les branches et ronge le tronc en sections. La longueur de ces sections semble dépendre de la taille du tronc et aussi de la distance jusqu'à l'eau, du nombre de castors qui participent au transport des arbres coupés et l'état du sentier. Habituellement, un arbre de 15 ou 20 centimètres de diamètre est coupé en des sections d'une longueur de 120 à 180 centimètres. Si l'arbre tombe dans l'eau de l'étang ou dans le canal – si les branches ne sont pas trop longues pour qu'il puisse passer – il est transporté avant tout à l'endroit désiré dans son intégralité sans être coupé. Avec un arbre grand, le tronc est souvent laissé et seules les branches sont emportées.

Le castor coupe du bois vert, c'est-à-dire du bois fraîchement coupé qui n'a pas eu le temps de sécher, et il l'entrepose au fond de l'étang pour sa réserve de nourriture pour l'hiver. Comment le fait-il couler et disparaître jusqu'au fond ? Une vieille histoire maintes fois répétée dit qu'un castor aspire l'air du bois vert pour le faire tout de suite couler. Une autre histoire raconte que le castor plonge dans l'eau en emportant avec lui un bâton vert qu'il enfonce au fond de l'étang dans la boue et qui reste ainsi ancré. Les castors utilisent une méthode simple : le bois vert emmagasiné est toujours aussi lourd que l'eau et, une fois dans l'étang, il se sature d'eau et coule rapidement. Cependant, les premiers morceaux entreposés sont habituellement les plus grands et les plus lourds et ils sont poussés et coincés au fond de l'étang par d'autres morceaux de bois qui viennent s'empiler sur eux. Souvent, les premiers morceaux de la réserve de nourriture se composent d'arbres entiers avec leurs branches. Ils sont placés en général en cercle avec le tronc de l'arbre vers l'intérieur et les branchages vers l'extérieur. La pile de nourriture forme ainsi une fondation entremêlée d'arbres qui maintient en place les plus petits morceaux qui viennent s'ajouter par-dessus.

La plupart des saules à proximité des colonies de castors sont petits et relativement légers. Ces saules ne coulent pas rapidement, ne sont pas facilement manipulables et sont rarement utilisés dans le bas de la pile. Habituellement, quand les castors assemblent des saules coupés ou des arbres légers dans la pile de nourriture, ils les placent au-dessus de la pile de nourriture où ils jettent ensuite de nombreuses branches par-dessus qui s'entremêlent avec les arbres coupés et les morceaux de bois plus légers pour les maintenir. La fondation et la plus grande partie de la pile de nourriture sont formées de morceaux lourds de trembles, d'aulnes ou d'autres arbres situés à proximité des cours d'eau qui ne peuvent pas être déplacés par un vent ou un courant d'eau ordinaire et qui coulent rapidement au fond de l'étang.

Parmi les prédateurs de notre compagnon à fourrure, on retrouve le glouton, la loutre, le lion des montagnes, le lynx, le coyote, le loup et l'ours. Les faucons et les hiboux capturent de temps en temps un jeune castor. Les castors passent beaucoup de temps à prendre soin de leur fourrure et à se baigner car ils sont envahis par les poux et autres parasites. À de rares intervalles, ils sont frappés par la maladie. Ils vivent entre douze et quinze ans et parfois plus longtemps. L'homme est le pire ennemi du castor.

Un millier de trappeurs s'unissent pour raconter la même histoire désolante des derniers instants d'un castor attrapé. Si l'animal ne s'est pas noyé ou n'a pas réussi à s'arracher un pied pour s'échapper, le trappeur fracasse à coup de hache la tête du castor. Au lieu d'essayer de mettre en pièces l'homme avec ses dents tranchantes et acérées, le castor se redresse et, avec ses mains levées, il essaye d'éviter le coup mortel. Au lieu d'un seul coup, un jeune trappeur doit souvent en donner deux ou trois. Le castor les reçoit sans lutter ni crier et meurt en essayant vainement de se protéger la tête avec ses deux mains.

Justement réputé pour son travail, le castor est aussi maître dans l'art de la sieste. Il s'accorde de nombreuses vacances et préserve son énergie. Il garde sa fourrure et sa maison propres. Toujours en forme, il est prêt à tout moment à travailler dur et est capable de fournir des efforts sur de longues périodes. Il est prêt à faire face aux urgences.

En ce qui concerne la vie des animaux, la vie d'un castor est une des meilleures. Sa vie est pleine de travail et riche en repos. Il aime sa maison, il est casanier et évite le combat. On retrouve les castors dans des endroits magnifiques et pleins de charme.

Le castor a un droit de naissance important, même s'il naît dans une hutte de terre sans fenêtre. Proches du lieu de sa naissance, la vie sauvage des bois et de l'eau se rencontrent et se mêlent souvent ensemble. Autour de son lieu de naissance se trouvent des spectacles infinis et toujours changeants de la nature et le silence de l'eau et de la rive. Le castor grandit parmi de multiples formes sauvages, il joue entre les fleurs brillantes et les grands rochers, dans les piles de bois flottant et entre les troncs d'arbre tombés à l'orée de la forêt mystérieuse. Il apprend à nager et à glisser, à plonger rapidement et profondément à l'abri des regards, à dormir, à se reposer sans bouger au soleil, toujours à l'écoute du vent et de l'eau qui s'agitent en harmonie. Il apprend à vivre avec les étoiles dans le ciel et les étoiles dans l'étang, commençant une vie sérieuse quand les nuages éclatants de couleur enrichissent les collines d'automne. Il aide à récolter les arbres qui revêtent une robe dorée tandis que les oiseaux s'envolent pour le sud pendant les journées réfléchissant l'automne. Si Mère Nature devait jamais m'appeler pour que je vive sur une autre planète, je voudrais être né castor pour habiter une maison dans l'eau.

Étang, maison et barrage de castors

Castor accroupi

Castor en train de marcher

Le castor ne peut pas respirer sous l'eau. Il retient sa respiration entre deux et cinq minutes et jusqu'à dix minutes si nécessaire avant de remonter à la surface. Quand la surface est gelée, il remonte à l'intérieur de la maison ou du terrier pour respirer. Ses lèvres peuvent se refermer derrière ses quatre incisives de devant pour empêcher l'eau de rentrer dans sa bouche quand il ronge du bois sous l'eau. Des valvules obturent son nez et ses oreilles et une membrane transparente recouvre ses yeux pour les protéger tout en lui permettant de voir clair sous l'eau.

Chapitre 2
Notre ami le castor

Une après-midi d'automne ensoleillée, je regardai ce qui se passait en bas d'une petite prairie à proximité d'un étang de castors. La prairie était tapissée d'herbe et il n'y avait pas un seul saule. Sept ou huit castors étaient à l'œuvre dans la prairie et travaillaient sur un nouveau canal. Chacun était à sa place et semblait avoir une section bien définie dans laquelle il devait creuser. Pendant plus d'une demi-heure, je les observai déterrer la terre et retirer des racines d'herbe avec leurs griffes, ramasser la terre et l'entasser par poignées de deux en ligne droite le long du canal. Pendant que je regardais l'un d'eux travailler au bout, deux autres s'empoignèrent et commencèrent à se battre. Les deux castors n'émirent aucun son à part un marmonnement guttural étouffé alors qu'ils roulaient en se battant. À mon grand étonnement, les autres castors n'accordèrent pas la moindre attention à ce combat et chacun continua son travail. Après deux ou trois minutes, les deux belligérants se séparèrent. L'un était accroupi et respirait lourdement pendant que l'autre, la queue en sang, se traîna au sol puis plongea dans l'étang. C'était le premier combat de castors que j'eusse jamais vu.

On pourrait très bien appeler les castors des travailleurs silencieux. Peu importe le nombre qu'ils sont ou à quel point ils sont occupés, leur travail s'effectue sans un mot et apparemment sans un signe. Bien que je les aie vus travailler de nombreuses fois, au crépuscule et en plein jour, seul, par deux ou par douze, effectuant leurs nombreuses tâches, ils travaillent toujours dans le calme et sans aucune preuve visible d'encadrement ou de direction. Chacun est capable d'agir indépendamment. Étant donné que la qualité du travail d'un castor s'améliore à mesure que le castor gagne de l'expérience, il semble naturel et probable que chaque colonie de castors a un leader ou un chef qui planifie et dirige le travail. Je connais nombre d'exemples qui indiquent fortement la présence d'un chef. En situation d'urgence, quand une colonie entière est forcée d'émigrer, un castor – en général un castor âgé – prend les commandes et où qu'il aille, les autres le suivent de leur plein gré.

Quelles qu'aient été les traditions et les habitudes des castors dans le passé, on trouve à présent de nombreux castors qui coopèrent ensemble pour accomplir un travail au sein de la colonie. On avait l'habitude de penser, et c'était peut-être vrai, que seuls les membres d'une même famille ou les castors d'une même maison s'unissaient pour faire le travail général de la colonie. De même, on pensait que sept castors habitaient généralement la même maison, parfois huit dans la région des Montagnes Rocheuses. De nos jours, le nombre de castors dans une maison varie de un à trente.

Les castors ont été chassés de la plupart des cours d'eau et des bords de lacs. Ils se maintiennent maintenant avec difficulté dans les lieux qu'ils habitent. Pour survivre, ils ont certainement dû sacrifier leurs anciennes habitudes et en adopter des nouvelles, et il est probable que ces changements nécessitent parfois des maisons plus grandes pour prendre soin du nombre croissant de castors dont les conditions obligent à vivre dans un même lieu. J'ai remarqué un certain nombre d'exemples où les castors étaient chassés de leur colonie soit à cause des feux, soit à cause de l'agressivité des trappeurs. Ces castors migraient alors vers d'autres lieux où ils rejoignaient les castors d'une autre colonie et où ils étaient les bienvenus. Immédiatement après leur arrivée, les castors entreprenaient d'agrandir la ou les maisons pour visiblement accommoder les nouveaux venus de manière définitive.

Un automne, en suivant le sentier de Lewis et Clark avec un cheval de bât dans l'ouest du Montana, j'établis un soir le camp avec un trappeur qui me donna un jeune castor. Le castor était âgé d'environ un mois et mangeait des brindilles et de l'écorce comme s'il en avait toujours mangé. Je le nommai Plongeur et en peu de temps, il devint aussi sociable qu'un petit chiot. Le soir, il jouait près du camp et nageait souvent dans l'eau d'à côté. Par moments, il s'amusait à construire des barrages et montrait souvent le travail qu'il avait accompli en faisant tomber de magnifiques arbres qui étaient de la taille d'un crayon à papier. Il venait toujours tout de suite quand je le sifflais. La nuit, il se couchait près de mon camp, habituellement en se roulant en boule sous le rebord de la toile sur laquelle j'étendais mon couchage. Il voyageait sur le dos du cheval, posé sur les paquets – une façon de voyager qu'il appréciait énormément. Il n'était jamais pressé de partir et lorsqu'il fallait partir, il attendait toujours avec impatience d'être porté. Dès qu'il remarquait que je préparais les sacs, il s'approchait et, avant même que je fusse prêt à le soulever, il se levait, tendait ses mains en une succession rapide pour quémander et, avec une sorte de murmure gémissant, il suppliait d'être soulevé immédiatement jusqu'à son siège sur les paquets.

Un soir, il eut une frayeur terrible. Une heure avant le coucher du soleil, nous avions établi comme d'habitude notre camp le long d'un ruisseau. Il entra dans l'eau et après avoir nagé pendant un moment, plongeant une douzaine de fois, il traversa le ruisseau et nagea jusqu'à la rive d'en face. Toujours visible à seulement quinze mètres, je l'observai creuser et déterrer énergiquement des racines de la vigne de l'Oregon puis il s'arrêta pour les manger tranquillement. Tout occupé qu'il était, un coyote fila sur lui de derrière un rocher. Plongeur l'évita et le coyote le manqua. Gémissant comme un enfant effrayé, mon petit Plongeur roula jusque dans le ruisseau et plongea dedans. En un instant, il se précipita hors de l'eau à côté de moi et se faufila sous mon manteau posé derrière le tronc où j'étais assis.

L'étang de castors le plus proche était à 400 mètres en amont et pourtant moins de cinq minutes après les cris de Plongeur, deux castors apparurent dans le ruisseau, nageant à demi submergés et prudemment devant moi. Une minute plus tard, un autre castor apparut en aval. Ils nageaient tous avec précaution, la tête maintenue basse dans l'eau. Un des castors renifla l'endroit où le coyote avait attaqué Plongeur, sortit de l'eau et examina les lieux avec son nez. Un autre castor vint à terre à l'endroit où Plongeur était ressorti à côté de moi. Ses yeux lui dirent qu'apparemment je faisais partie du tronc mais son nez annonça un danger. Après trois ou quatre tentatives hésitantes et futiles de se retirer, il trouva le courage et se redressa de toute sa hauteur sur ses pattes arrière et sa queue pour me regarder fixement et impatiemment. Avec la tête bien redressée et les pattes avant abaissées, il maintint son regard pendant plusieurs secondes puis siffla d'un ton bas.

En l'entendant, Plongeur s'avança de derrière mon manteau pour voir ce qui se passait. Le vieux castor commença à s'approcher pour aller à sa rencontre mais après m'avoir observé, il se retourna et fit un plongeon dans l'eau, claquant l'eau avec sa queue alors qu'il disparaissait. Immédiatement, deux ou trois autres ploufs suivirent, la queue des castors frappant l'eau plusieurs fois comme si le groupe arrivé pour sauver le castor battait en retraite.

À la fin de mon expédition, Plongeur était devenu l'animal de compagnie de deux enfants de pionniers sur la rive de la rivière Snake. Il suivait les enfants et s'amusait avec eux. Alors qu'il était âgé de trois ans, il fut abattu par un chasseur qui passait par là.

Mes expériences avec Plongeur et avec d'autres castors de compagnie m'ont amené à penser que les castors sont facilement apprivoisés. Un matin, dans le nord de l'Idaho, la famille avec qui je passais la nuit m'emmena voir une colonie de castors qui se trouvait à seulement quelques pas de leur cheminée. Trois castors sortirent de l'eau à trois mètres de nous pour manger des miettes de pain que les enfants jetaient dans l'herbe pour eux.

Un jour, je me plaçai entre trois jeunes castors qui mangeaient sur la terre et le fleuve duquel ils étaient sortis. Ils étaient sur un des bords rocheux du fleuve Colorado dans les profondeurs du Grand Canyon supérieur. Ils essayèrent de passer à côté de moi mais leurs efforts n'avaient pas ce caractère d'urgence propre à la Nature, « ils y parviennent ou ils meurent ». Leur mère vint à la rescousse et tenta d'attirer mon attention en flottant dans l'eau à côté de moi et en feignant d'être terriblement blessée. J'avais déjà vu de nombreux oiseaux et quelques castors essayer cette ruse intelligente ; alors je la laissai faire, espérant voir un autre stratagème de sa part. Une autre ruse suivit.

Dans cette ruse, un vieux castor mâle apparut. Il descendit le fleuve en nageant facilement jusqu'à quelques mètres de moi puis plongea, apparemment effrayé. Puis il réapparut à côté de moi et plongea encore. Pendant que je l'observais, les jeunes castors se rapprochèrent de quelques mètres du fleuve. Pour les arrêter et prolonger le moment, je m'avançai près d'eux comme si j'allais les attraper. La mère castor se débattit pour sortir de l'eau et se mit à dégringoler et rouler si près de moi que je songeai à l'attraper pour l'examiner. Elle m'évita par la droite et par la gauche puis parvint à l'eau. Pendant ce temps, les jeunes castors s'étaient échappés dans le fleuve. La mère castor recouvrit immédiatement sa forme et plongea dans l'eau avec sa queue frappant l'eau de manière méprisante.

Le castor ne se fait pas souvent entendre. Il travaille en silence. Quand il prend une pause dans son travail, il s'assoit, contemplatif, méditant comme un philosophe. Parfois, cependant, quand les castors voyagent, ils se retrouvent séparés et poussent un étrange sifflement strident comme une sorte d'appel. De temps en temps, ce sifflement passe pour un cri d'alarme, de suspicion ou de danger. Des fois, lorsqu'un jeune castor est alarmé, il pousse des cris effrayés et perçants qui ressemblent à ceux d'un petit enfant qui se serait perdu. J'ai certaines fois pu entendre près d'une maison de castors au début de l'été quelque chose qui ressemblait à un doux concert à l'intérieur de leur maison, comme une mélodie rythmée ou un ronronnement. Les castors chantent aussi des chansonnettes d'amour. C'est un mélange charmant de murmures et de soupirs rythmés. Leurs chansons résonnent comme des notes fondamentales qui flottent sur l'étang au crépuscule.

Il est probable que les castors s'accouplent pour la vie. Tout ce qu'on sait sur leurs façons de faire, c'est qu'ils sont de bons parents. Les jeunes castors naissent habituellement en avril[4]. Le nombre varie de un à huit, en général le nombre le plus courant est de quatre bébés. Pendant une courte période avant la naissance des bébés, la mère invite le père à partir ou l'y

---

4 NdT : l'accouplement a lieu en hiver puis la gestation dure trois mois et demi suivie des naissances au printemps.

oblige – ou il peut partir de lui-même – et elle dispose de la maison ou du terrier à priori seule au moment de la naissance des bébés. Leurs yeux sont ouverts dès le début et en moins de deux semaines, ils font leur apparition dans l'eau accompagnés de leur mère. J'ai souvent étudié les colonies de castors en m'attachant à déterminer le nombre de bébés à la naissance. Souvent, la mère était accompagnée de quatre petits à fourrure sur un tronc qui flottait dans l'eau près de la maison. D'autres fois, entre un et huit petits prenaient un bain de soleil en haut de leur maison rudimentaire.

Un mois de mai, alors que j'étudiais des colonies de castors, je vis trois groupes de jeunes castors dans la colonie de la Moraine. Ils étaient aux nombres de trois, deux et cinq. La mère d'une autre colonie montrait fièrement ces huit petits tandis qu'une autre mère qui avait été importunée et attaquée tout l'hiver par des trappeurs et qui vivait dans un terrier sur la rive ne put en présenter qu'un.

Il n'est pas rare que de jeunes castors orphelins soient gardés et adoptés par une autre mère castor. J'ai constaté trois mères qui, ayant déjà des petits, prirent immédiatement soin des orphelins laissés par la mort d'une voisine. Un mois de juin, une mère castor fut tuée près de mon camp. Ses petits s'échappèrent. Le soir d'après, une nouvelle mère, avec déjà quatre petits, les adopta et déménagea de sa maison pour s'installer dans la maison de sa voisine morte à 400 mètres de distance et y élever tous les petits là.

Les castors s'amusent énormément pendant qu'ils grandissent. Perchés sur le bord de la maison, ils se poussent les uns les autres, souvent dégringolant les uns à la suite des autres dans l'eau. Ils s'amusent dans l'eau à faire onduler la surface de l'eau jusqu'à la rive pendant qu'ils font la course, ils se bagarrent et plongent dans l'étang. Ils jouent sur la maison, dans l'étang, sous le soleil et à l'ombre des arbres le long de la rive.

Les castors deviennent adultes au cours du troisième été de leur vie et à cette période, ils quittent généralement la maison familiale, s'accouplent et commencent leur propre vie. On raconte à ce sujet que les parents accompagnent les petits devenus adultes vers de nouveaux lieux, les aident à choisir un endroit pour la construction de leur maison et les aident à construire la maison et le barrage. Après quoi, les parents repartent chez eux. C'est probablement vrai de temps en temps. Il m'est arrivé de voir se dérouler ce programme exactement ainsi et, d'autres fois, les parents n'aident que d'une manière limitée.

Le castor est pragmatique, paisible, pacifique et travailleur. Il se construit une maison permanente, la garde propre et la répare. Près de la maison, il entrepose sa réserve de nourriture pour les longs hivers. Il pense au jour d'après. Ça et d'autres caractéristiques admirables lui valent une place d'honneur parmi les hordes de sans-abris et d'animaux qui vivent au jour le jour. Pendant l'hiver, il a peu à faire à part se baigner et manger ses deux ou trois repas journaliers tirés de la nourriture qu'il a entreposée pendant l'automne. À l'approche du printemps, quand ses voisins sont devenus minces, sont affamés et ont froid, lui est gras et confortable. Au printemps, il émerge de sa maison, mais alors son seul travail consiste à couper de temps en temps une branche pour manger. Pendant l'été, il joue le touriste. Il visite d'autres colonies et voyage en amont et en aval des cours d'eau, s'éloignant de plusieurs kilomètres de sa maison. À la fin de l'été ou au début de l'automne, il retourne chez lui, fait les réparations nécessaires sur sa maison et récolte de la nourriture pour l'hiver.

Le castor est un conservationniste. C'est un animal précieux et utile et il aide à préserver l'environnement mais il existe des endroits où sa présence ne peut être tolérée. Bien que le castor coupe rarement du bois mort, de nombreux propriétaires ont été dérangés au moins une fois par un castor lorsqu'il coupe et emporte avec lui des poteaux de clôture dont le bois a été fraîchement coupé et planté. Récemment, les castors se sont rétablis à certains endroits et ont gagné une mauvaise réputation en faisant tomber des arbres fruitiers. De temps en temps, dans l'Ouest, ils ont perdu leur réputation en installant continuellement des barrages dans des fossés d'irrigation et en détournant l'eau. Et ce, même si un tribunal a donné la propriété et le droit de cette eau à quelqu'un qui habite à un kilomètre en bas du fossé.

Dans toutes les opérations de récolte de bois, les castors ne manquent jamais – quand ils en ont l'opportunité – de couper des arbres en amont et de les faire flotter et descendre avec le courant. Abattre des arbres est une étape intéressante de la vie d'un castor. Un castor se dandine hors de l'eau et marche d'un pas lourd jusqu'à l'arbre qu'il s'apprête à couper. N'importe qui regarderait autour de lui à la recherche d'ennemis ou de prédateurs et certains sont assez prudents pour le faire, mais la majorité des castors ne regardent ni autour d'eux ni en l'air pour voir si l'arbre qu'ils ont choisi est enchevêtré dans un autre arbre. Tous semblent en tout cas choisir un endroit confortable où s'accroupir ou s'asseoir pendant qu'ils coupent.

En général, lorsque l'arbre commence à craquer et est sur le point de tomber, le castor qui a rongé le tronc émet un bruit sourd plusieurs fois de suite avec sa queue, puis il détale et va habituellement dans l'eau. Des fois, les castors à proximité donnent un signal sourd en avance de celui qui coupe. De temps en temps, aucun signal d'avertissement n'est donné, et le castor bûcheron fait tomber des fois son arbre sur d'autres castors avec des conséquences mortelles. Comme avec les bûcherons humains, il arrive en de rares occasions que le castor qui coupe l'arbre se fasse tuer par la chute de l'arbre qu'il fait tomber.

Le castor considère rarement la direction dans laquelle l'arbre va tomber. Quelques fois, cependant, j'ai vu ce qui apparaissait comme un effort de la part du castor pour faire tomber l'arbre dans une certaine direction. D'un endroit inconfortable, il effectuait l'entaille la plus basse sur le côté duquel il voulait probablement faire tomber l'arbre. Une fois, le tremble qu'un castor avait choisi était presque entièrement encerclé par des pins. Le castor entreprit au prix d'un effort difficile de faire l'entaille la plus basse sur le tremble dans la direction faisant face à une clairière près des pins. J'ai déjà vu ce cas-là plusieurs fois. Le castor quitte des fois le côté exposé au vent d'un petit bois lors des journées venteuses et coupe les arbres qui sont à l'abri du vent pour que les arbres ne s'enchevêtrent pas lorsqu'ils tombent.

Il est rare que plus d'un castor travaille en même temps sur le même arbre. Toutefois, dans certains cas, si l'arbre est grand, deux castors ou même plus peuvent travailler ensemble. Mais une fois que l'arbre est tombé, ce sont souvent trois ou quatre castors qui s'unissent pour faire rouler une grande section de l'arbre vers l'eau. Pour ce faire, certains se tiennent avec leurs pattes contre l'arbre et poussent pendant que d'autres poussent de côté ou avec leurs hanches. Sur terre, tout comme dans l'eau, les petits arbres branchus sont surtout traînés par le bout, avant tout pour limiter la résistance au sol. Des fois, le castor tire en marchant à reculons. D'autres fois, il marche le long de l'arbre en le portant et en le tirant.

Les premiers explorateurs racontent que les castors effectuaient la plus grande partie de leur travail la nuit. Ils sont tous pratiquement unanimes à ce sujet. Cependant, dans le journal de Long écrit en 1820, on rapporte que les castors travaillaient en plein jour. Quelques autres premiers écrivains ont aussi mentionné qu'ils travaillaient en plein jour. Les castors travaillent probablement dans l'obscurité parce que c'est le moment le plus sûr pour eux pour sortir. Au cours d'une douzaine de visites dans des endroits isolés – des endroits qui n'avaient pas été visités par l'homme et certainement pas par les trappeurs – j'ai pu voir que les castors travaillent en toute liberté en plein jour. J'ai donc tendance à penser que le travail en journée était habituel autrefois et bien que les castors travaillent maintenant et travaillent depuis longtemps la nuit, ils travaillent aussi en toute liberté en plein jour dans les endroits où ils ne sont pas en danger à cause de l'homme.

À la fois les Indiens et les trappeurs ont une histoire dans laquelle les vieux castors qui ne travaillent pas sont chassés de la colonie et deviennent exclus. Maussades, ils vivent lentement la fin de leurs jours seuls dans un terrier. Je n'ai trouvé aucune preuve confirmant cette histoire et j'ai tendance à penser que les castors solitaires trouvés parfois dans des colonies abandonnées ou ailleurs n'ont simplement pas eu de chance, peut-être parce qu'ils croulent sous le poids de l'âge, incapables de voyager loin, leurs dents sont abîmées, leur compagnon est mort, ils sont sans ambition pour essayer quelque chose ou sans force pour émigrer. Il est probable que ces castors âgés se sont retirés ou éloignés volontairement et tristement de leurs compagnons joyeux et travailleurs pour passer la fin de leur vie seuls. On trouve également chez les Indiens et les trappeurs des histoires de castors esclaves, mais je n'ai pas non plus de preuves matérielles pour confirmer ce genre d'histoires.

Le castor est paisible et pacifique. Bien que les mâles se battent de temps en temps entre eux, le castor évite en général de se battre et planifie sa vie de telle façon à s'échapper sans se battre. De temps en temps, un castor dans l'eau engage le combat avec une loutre dans une lutte désespérée. Et lorsqu'il est coincé ou acculé sur la terre, il se retourne sur le prédateur qui le prend pour une proie facile avec une telle férocité et une telle adresse que l'assaillant préfère battre en retraite. À deux reprises, j'ai connu un castor qui avait tué un lynx.

Les castors ne sont pas tous alertes de manière égale. Dans beaucoup de cas, cette différence est due à une différence d'âge ou d'expérience. Des castors ont été attrapés avec des cicatrices qui montrent qu'ils ont déjà été piégés par des trappeurs, certains ayant même perdu deux pieds en s'échappant des pièges. D'un autre côté, des trappeurs doués se sont retrouvés après maintes essais incapables d'attraper un seul castor d'une colonie peuplée. Des fois, dans les colonies de ce genre, le castor a même l'audace de retourner les pièges à l'envers ou de les recouvrir de boue avec mépris.

De même, tous les castors ne travaillent pas de la même façon. Les fossés qu'un castor creuse, la maison qu'il construit ou le barrage qu'il conçoit peuvent être réalisés plus rapidement et avec plus de talent que ceux d'un castor voisin. De nombreuses maisons sont rudimentaires et ressemblent à des masses informes, de nombreux barrages ont l'air accidentés tandis que certains canaux sont tordus et irréguliers. Mais la majorité des castors font du bon travail et sont rapides à prendre avantage d'opportunités, rapides à s'adapter à de nouvelles conditions ou à utiliser les meilleurs moyens à disposition. Les castors ont sûrement réalisé un certain nombre de changements dans leurs façons de faire, leurs habitudes et leurs coutumes, et ces changements leur ont certainement permis de survivre sans relâche et de laisser des descendants sur la terre.

Le travail du castor est légendaire, et c'est au mérite de la personne qui reçoit la distinction de « travailler comme un castor ». La plupart des gens ont en tête que le castor est toujours au travail : non pas qu'il accomplit nécessairement beaucoup d'effort dans une tâche, mais qu'il est toujours en train de faire quelque chose. Le fait est que, dans des conditions normales, il travaille moins de la moitié de son temps et il n'est pas rare qu'il passe une grande partie de l'année à jouer. Il est physiquement capable de se concentrer et de s'appliquer longtemps et intensément et, étant un travailleur intelligent, même s'il travaille moins de la moitié du temps, il accomplit de grandes choses.

Famille de castors : deux castors adultes et un petit au milieu

Castor en train de manger l'écorce d'une petite branche

Castor ayant mangé l'écorce d'un bâton

Chapitre 3
Le castor du passé et le castor du présent

Toutes les tribus indiennes d'Amérique du Nord semblent avoir une ou plusieurs légendes sur le castor. La plupart de ces légendes reconnaissent que le castor est un travailleur méritant. On dit des Cherokees qu'ils retracent leur origine à un castor sacré et ingénieux. De nombreuses tribus ont une légende qui raconte qu'il y a longtemps, très longtemps, les Grandes Eaux ont surgi autour d'un monde sans rivage. Ces eaux étaient peuplées de castors, des castors d'une taille gigantesque. Ces castors, avec le Grand Esprit, plongèrent et ramenèrent des quantités de boue et de cette boue se formèrent les collines et les vallons, les montagnes où les cataractes, ces chutes d'eau impressionnantes, plongent et chantent, et toutes les cavernes, les grottes et les canyons. Les rochers accidentés et les blocs de roche dispersés ici et là sur la terre étaient des missiles jetés par les mauvais esprits qui, au commencement des choses, tentèrent d'entraver et d'empêcher le travail constructif de la création.

Des fossiles de castors ont été retrouvés à la fois en Europe et en Amérique. Des restes d'abris creusés et des dents de castors ont été découverts en Angleterre avec des outils en pierre d'homme primitif. À côté d'Albany, New York, du bois rongé par des castors et des restes d'un mastodonte ont été déterrés à douze mètres de profondeur dans une couche de sédiments et de vase. Les fossiles de castors retrouvés étaient d'une taille impressionnante.

Quand on compare avec les temps modernes, le castor tel que nous le connaissons semble s'être réparti sur presque toute l'Asie, l'Europe et l'Amérique du Nord. Il n'y avait pas de différence marquée entre les castors qui habitaient ces trois continents. Le castor s'est probablement éteint en Europe mais, en juillet 1900, j'ai découvert un morceau de bois flottant dans la Seine qui avait été récemment rongé par un castor. À cette période, j'étais sûr qu'on ne pouvait même pas trouver un castor apprivoisé en Europe. On trouve toujours le castor dans certaines régions de la Sibérie et de l'Asie centrale. Le castor qui habite l'Amérique du Sud a une forme très différente de celle de l'hémisphère nord, à mi-chemin entre le rat musqué et le castor.

Les hiéroglyphes de l'Égypte ancienne mentionnent le castor et Hérodote en parle à plusieurs reprises. Pline mentionne aussi brièvement cet animal. En Allemagne, en 1103, le droit de chasser le castor fut accordé avec d'autres privilèges de chasse spéciaux et en 1182, une bulle du pape Lucius III donna à un monastère tous les castors trouvés dans les limites de sa propriété. Un édit royal émis à Berlin en mars 1725 insista sur la protection du castor.

Avant l'arrivée de l'homme blanc, le castor – *Castor canadensis* – était largement répandu en Amérique du Nord, peut-être plus largement que tout autre animal. Les castors étaient nombreux et leur population était probablement la plus dense dans le sud-ouest de la baie d'Hudson et aux alentours des cours supérieurs de la rivière Missouri et du fleuve Columbia. Les zones où leur population était la plus faible aux États-Unis semblent avoir été situées dans le sud de la Floride et dans la vallée inférieure du Mississippi. Ce taux le plus faible est attribué d'après les premiers explorateurs à l'agressivité des alligators. Toute la moitié sud du Mexique semble n'avoir eu aucune population de castors. Mais partout ailleurs en Amérique du Nord, partout où il y avait des arbres à feuilles caduques et de l'eau, et dans les quelques endroits sans arbre où il y avait seulement de l'eau et de l'herbe, on trouva le castor. Le long de milliers de petits cours d'eau et ruisseaux à travers l'Amérique du Nord, on trouvait colonie après colonie, barrage après barrage, jusqu'à deux cents étangs de castors au kilomètre. Lewis et Clark mentionnent que près de Three Forks dans le Montana, les cours d'eau s'étendaient à perte de vue en une succession d'étangs de castors. Ces constatations faites par les premiers explorateurs, pionniers, colons et trappeurs, ainsi que mes propres observations – qui ont commencé en 1885 et qui se sont étendues sur presque tout le pays, du nord du Mexique jusqu'en Alaska – mènent à la conclusion que la population de castors d'Amérique du Nord au début du 17ᵉ siècle atteignait de près les cents millions d'individus. L'espace occupé était approximativement de 15 000 000 km² avec probablement en moyenne 80 castors au km².

Aux États-Unis, de nombreux comtés et plus d'une centaine de rivières et lacs portent le nom de castor. Près de cinquante bureaux de poste sont nommés Castor, Étang de Castor, Prairie de Castor ou utilisent d'autres combinaisons de noms qui proclament l'ancienne prévalence de cet animal travailleur largement réparti. Le castor est l'animal national emblématique du Canada et là aussi de nombreux bureaux de poste, lacs et rivières portent un nom de castor.

Les peaux de castor ont attiré le chasseur et le trappeur dans toutes les régions sauvages d'Amérique. Ces peaux étaient l'un des premiers moyens d'échange entre les pionniers d'Amérique du Nord. Pendant deux cents ans, elles ont fait partie des produits les plus exportés et depuis encore plus longtemps, elles ont été aussi le produit de base pour les échanges le long des frontières. Une peau de castor était non seulement la norme par rapport à laquelle les autres peaux étaient évaluées pour juger de leur valeur, mais aussi la norme pour juger de la valeur des armes, du sucre, du bétail, des haches et des vêtements. Bien qu'utilisées sans contrainte par les premiers pionniers comme habillement, les peaux de castor étaient particulièrement précieuses comme matière première pour la confection des chapeaux, c'est pourquoi elles ont été largement exportées.

De cet animal, de nombreux remèdes étaient préparés qui autrefois étaient considérés comme des remèdes ayant une grande valeur médicinale. Le castoréum[5] était l'un des remèdes les plus populaires à partir duquel on composait le grand remède universel. On pensait que la peau du castor était un excellent préventif des coliques et de la tuberculose pulmonaire ; la graisse du castor était efficace contre l'apoplexie et l'épilepsie, pour arrêter les spasmes et contre diverses affec-

---

5   NdT : le castoréum est une sécrétion huileuse et odorante produite par les glandes du castor.

tions des nerfs. La poudre de dents de castor était souvent mise dans la soupe en prévention de nombreuses maladies. Le castoréum du castor était considéré comme le remède le plus efficace contre les maux d'oreilles, la surdité, les maux de tête, la goutte, pour recouvrer la mémoire et soigner la démence. Arrivant ensuite en ordre d'importance après sa peau, le castor était précieux pour le castoréum qu'il produisait.

Les anciens chasseurs et trappeurs et les premiers colons prévoyaient le temps en toute confiance d'après les actions du castor. Cet animal était reconnu pour être très prévoyant en ce qui concernait le temps et pour avoir un sens aigu de la météo. De ses actions était prédite la nature de l'hiver à venir et les hommes s'y préparaient en conséquence. La foi en les actions et les activités du castor comme base pour prévoir le temps était presque absolue. Si le castor commençait à travailler de bonne heure, l'hiver allait commencer de bonne heure. Si le castor faisait de larges récoltes, recouvrait largement sa maison avec de la boue et élevait le niveau de l'eau dans l'étang, l'hiver allait, bien sûr, être long et rigoureux.

Ayant beaucoup parcouru les montagnes en automne, en accordant une attention particulière aux habitudes des castors, je suis obligé de conclure que le castor n'est pas fiable pour prédire le temps. Au cours d'un mois d'automne dans les montagnes du Colorado, j'ai observé plus d'une centaine de colonies. Dans beaucoup de colonies, les castors avaient commencé à se préparer tôt pour l'hiver. Dans d'autres colonies, seulement distantes de quelques kilomètres, ils ne commencèrent pas à travailler avant la fin de l'automne. Dans certaines, les castors faisaient d'importants préparatifs pour l'hiver. Dans quelques-unes, les récoltes entreposées étaient très maigres. Ainsi au cours du mois de la même année, je vis certaines colonies de castors se préparer pour un hiver long, d'autres pour un hiver court, d'autres pour un hiver rigoureux et d'autres presque pas préparées pour l'hiver. Avec ces pronostics variés et contradictoires, comment pouvait-on prévoir avec précision et exactitude le temps pour l'hiver qui arrivait ? Les vieux castors prophètes d'une colonie divergeaient fréquemment d'autres castors prophètes situés de la même façon dans une colonie voisine. À un endroit, une trentaine de castors avaient rassemblé d'énormes quantités de nourriture, suffisamment en fait pour approvisionner deux fois plus le nombre qu'ils étaient, et ce pour l'hiver le plus long et le plus rigoureux. L'hiver qui suivit fut un hiver clément que les Montagnes Rocheuses n'avait pas connu depuis cinquante ans. Pas un dixième de la grande pile de nourriture fut mangée.

Je n'ai pas détecté quoi que ce soit qui indique que les castors s'organisent pour l'approche d'un hiver rude. Les castors se préparent chaque année pour l'hiver de façon considérable. L'ampleur des préparatifs d'une colonie dépend presque entièrement du nombre de castors qui passeront l'hiver dans cette colonie. Les préparatifs hivernaux consistent à couper et rassembler les arbres pour la réserve de nourriture, réparer et parfois élever le barrage et généralement recouvrir la maison d'une couche de boue. Les castors se montrent prévoyants, intelligents, même sages, mais pour ce qui est de la météorologie, ce n'est pas leur fort. Certains castors montrent de temps en temps une activité inhabituelle et rassemblent des provisions inhabituellement importantes pour l'hiver, mais cela semble être localisé et n'est pas généralisé. Les cas où les castors font des préparatifs inhabituellement importants pour l'hiver peuvent être dus à une augmentation de la population dans la colonie. D'un autre côté, les colonies qui se préparent moins par rapport à l'année d'avant ont pu souffrir d'une baisse de la population. L'augmentation d'une population au sein d'une colonie de castors peut être due aux jeunes castors qui grandissent ou à l'arrivée d'immigrants ou les deux. L'inactivité temporaire des trappeurs dans une région peut permettre à une colonie de castors d'augmenter en nombre. Une population de castors dans une colonie peut augmenter par l'arrivée de castors chassés de leurs maisons par des chasseurs et des trappeurs agressifs dans les régions voisines. N'importe comment, dans le monde des castors, certaines colonies commencent chaque année le travail plus tôt que d'autres, et certaines colonies se préparent pour l'hiver de façon importante pendant que d'autres font peu de préparatifs. L'ampleur des préparatifs semble être déterminée principalement par le nombre de castors dans la colonie et les besoins de la colonie.

Le castor a accéléré, s'il ne l'a pas entraînée, l'installation du pays. Chasseurs et trappeurs ont tracé les voies, décrit les ressources naturelles et persuadé les premiers colons à s'installer de façon permanente en s'appropriant la terre et en construisant des maisons parmi les ruines laissées par les castors. Tôt dans l'industrie de la fourrure, les compagnies se créèrent, la Compagnie de la Baie d'Hudson devenant la plus influente et la plus connue. Sa charte fut accordée par Charles II d'Angleterre le 2 mai 1669. Cette compagnie se développa définitivement en l'une des plus grandes entreprises commerciales que l'Amérique ait jamais connue. La peau de castor fournissait plus de la moitié de ses revenus. De nombreux éléments dans l'histoire de cette compagnie n'ont jamais été surpassés dans n'importe quelle autre région. Pendant plus de 200 ans, elle a détenu une influence absolue sur un pays plus grand que l'Europe et pendant les 150 premières années de son existence, elle a été le gouvernement du territoire sur lequel elle a régné, déterminant ainsi les normes sociales et autres normes de la vie dans ce territoire. L'un des premiers responsables de cette compagnie déclara qu'ils arrivèrent ici avant les missionnaires et que les initiales « H. B. C. [6] » sur la bannière de la compagnie pouvaient tout aussi bien s'interpréter d'être arrivés « Ici Avant Jésus-Christ[7] ».

Dans *L'Histoire du Canada*[8], Kingsford explique qu'au 18e siècle, le Canada exportait une quantité moyenne de bois, de blé, d'une plante appelée ginseng, et quelques autres produits et marchandises, mais du début jusqu'à la fin, le Canada vécut

---

6   NdT : initiales **HBC** pour *Hudson Bay Company* en anglais, la Compagnie de la Baie d'Hudson.
7   NdT : avant Jésus-Christ (av. J.C.) se dit *Before Christ* (*BC*) en anglais. Les initiales **HBC** peuvent donc s'interpréter en anglais comme *Here Before Christ*, ce qui veut dire d'être arrivé « ici avant Jésus-Christ. »
8   NdT : *History of Canada* de William Kingsford, paru entre 1887 et 1898.

surtout des peaux de castor. Horace T. Martin, anciennement Secrétaire de l'Agriculture du Canada, dit du rôle du castor dans le développement canadien qu'il est « un sujet qui a depuis le commencement de la civilisation été associé au développement industriel et commercial et indirectement à la vie sociale, au charme et dans une large mesure aux guerres du Canada. »

La Compagnie Américaine des Fourrures[9] et la Compagnie du Nord-Ouest des Fourrures[10] furent deux grandes entreprises de la traite de la fourrure, dont les trappeurs se distinguaient de loin, et elles laissèrent leur marque dans l'histoire et le développement du Nord-Ouest. La fortune colossale des Astor commença avec la richesse que John Jacob Astor amassa principalement du commerce des peaux de castor. Les peaux de castor sont maintenant économiquement sans importance dans le commerce, mais leur valeur a toujours conduit à l'implantation de quelques fermes de castors.

Aujourd'hui, les castors semblent éteints sur la plus grande partie de l'espace qu'ils occupaient autrefois et sont rares dans le reste de l'espace qu'ils habitent. On trouve des colonies dispersées dans les Montagnes Rocheuses et dans les montagnes de la Côte Pacifique. Il y a des régions au Canada où les castors sont toujours assez répandus. Dans de nombreux endroits du Grand Canyon du fleuve Colorado, les colonies de castors sont répandues. On en trouve quelques-unes dans le Michigan et le Maine. Il y a quelques années, certains ruisseaux des monts Adirondacks ont été colonisés avec succès par ces animaux utiles. Ils sont réapparus en Pennsylvanie et il y a probablement des castors dispersés partout aux États-Unis qui, s'ils étaient protégés, augmenteraient en nombre.

Un sentiment croissant est apparu en faveur des castors pour les laisser se reproduire. En 1877, le Missouri passa une loi pour protéger ces animaux. Le Maine fit de même en 1885 et le Colorado en 1899. D'autres États, au nombre total de vingt-quatre, ont aussi légiféré pour leur protection. Le gouverne-

---

9   NdT : *American Fur Company* en anglais.
10 NdT : *Northwestern Fur Company* en anglais.

ment canadien a aussi passé des lois protectrices. Une augmentation remarquable se produit déjà dans certaines régions. Les castors se multiplient rapidement quand ils sont protégés, comme le montrent les Parcs Nationaux du Canada et des États-Unis.

Jeune castor debout sur un des côtés de la maison

Jeune castor accroupi sur un des côtés de la maison

Jeunes castors en train de s'amuser sur la terre ferme

Chapitre 4
Comment les autres le voient

Pendant trois cents ans, le castor a été un sujet de discussion populaire. Des récits fabuleux ont été contés sur ses ouvrages, et ce qu'il a fait a été exagéré de façon spectaculaire. La plupart des descriptions faites sur lui sont grotesques et de nombreux récits sur les ouvrages qu'il a construits sont déroutants. Sa queue aurait été conçue pour enfoncer les bâtons de bois dans la terre, et certains récits anciens lui attribuent d'enfoncer dans le sol des poteaux de bois aussi larges que la cuisse d'un homme et d'une longueur d'un mètre et demi. Des histoires racontent qu'il utilisait sa queue comme une truelle pour enduire sa maison et le barrage. Quelques écrivains ont raconté qu'il vivait dans une cabane sur trois étages. Il y a plus d'un siècle, Audubon a attiré l'attention sur la quantité massive de choses inventées sur l'animal et en 1771, Samuel Hearne de la Compagnie de la Baie d'Hudson dénonça un imposteur qui avait écrit sur le castor dans les termes suivants : « le compilateur des *Merveilles de la Nature et de l'Art*[11] semble avoir rassemblé autour du castor non seulement toutes les fictions que d'autres écrivains ont faites sur lui, mais les a aussi grandement améliorées, si bien qu'il reste peu de choses à ajouter sur l'histoire du castor en dehors du vocabulaire de son langage, du code de ses lois et d'une description de sa religion pour en faire l'histoire naturelle la plus complète de cet animal. »

Quelqu'un pourrait bien lire presque toutes les œuvres imprimées sur le castor sans pour autant obtenir des informations correctes sur ses façons de faire, ses habitudes ou une description exacte de ses ouvrages, et sans parvenir à comprendre le véritable caractère et la personnalité de cet animal. Cependant, la véritable personnalité et la vie du castor, le travail qu'il fait, les choses inhabituelles qu'il a accomplies sont vraiment plus intéressants et placent le castor à un niveau supérieur que ne le font tous les contes imaginaires et les récits

---

11 NdT : *Wonders of Nature and Art* en anglais.

faux et exagérés sur lui.

M. Lewis H. Morgan dans son *Castor américain et ses ouvrages*[12] raconte qu' « aucun autre animal n'a attiré autant d'attention ou acquis grâce à son intelligence une place aussi respectée dans l'estime du public. Autour de lui se trouvent les barrages, les maisons, les terriers, les arbres abattus, les canaux artificiels, chacun témoignant de son savoir-faire et nous offrant l'opportunité de voir ses capacités mentales et physiques mises en pratique. Il n'existe aucun animal placé sous l'homme dans tout le règne des mammifères qui nous offre d'étudier de tels ouvrages ou nous apporte tant d'informations remarquables pour étudier la psychologie animale. »

M. Morgan a étudié minutieusement pendant des années le castor. Ce qu'il a écrit apporte une contribution si importante sur le castor que n'importe qui intéressé par cet animal devrait lire son livre. Dans la préface de son livre, il dit ceci : « je me suis saisi du sujet comme je l'ai fait pour la pêche pendant mes loisirs d'été. En 1861, j'ai eu l'occasion de visiter la colonie de la rivière Rouge dans le territoire de la baie d'Hudson et en 1862, de remonter la rivière Missouri jusqu'aux Montagnes Rocheuses, ce qui m'a permis de comparer les ouvrages des castors dans ces régions avec ceux de la région du Lac Supérieur. Au début, je ne m'attendais pas à poursuivre l'étude de ce sujet année après année, mais je fus poussé par l'intérêt que ça avait éveillé jusqu'à ce que les informations recueillies semblent suffisantes pour mériter d'être regroupées et publiées. »

Les plus grands admirateurs du castor sont ceux qui le connaissent le mieux. Il mérite d'être connu. On ne peut pas faire sa connaissance simplement en regardant l'animal ni en étudiant ses ouvrages monumentaux. Ses ouvrages impressionneront bien sûr mais, au mieux, ils ne donnent qu'une impression au voyageur. Visiter de façon répétée et prolongée une colonie de castors pendant la saison où les castors sont les plus occupés est la meilleure façon de saisir le caractère des castors. Les composants cubiques d'un barrage ne sont pas

---

12 NdT : *The American Beaver and his Works* de Lewis Henry Morgan en anglais, paru en 1868 et traduit en français en 2010 par Frédéric-Eugène Illouz sous le titre *Le castor américain et ses ouvrages*.

suffisants pour comprendre les obstacles que les castors ont surmontés pour sa construction, ni le travail qu'ils ont effectué pour obtenir et rassembler les matériaux, éviter les dangers et résoudre les nombreuses difficultés imprévues. Des branches et des bâtons fraîchement coupés et placés en une pile bien ordonnée indiqueront que la récolte des arbres pour la réserve de nourriture a été faite, mais ça ne dira pas que les castors ont coupé leurs arbres à plus d'un kilomètre et transporté les arbres coupés habilement jusqu'à la maison avec difficulté et au milieu des dangers. Une partie de la pile de nourriture peut avoir été traînée laborieusement en haut d'une colline et le long de chemins qui ont nécessité des mois de travail à découvert. De nombreuses portions de cette pile de nourriture peuvent avoir flotté par un canal d'une telle magnitude qu'il a fallu une génération entière de castors pour le construire. Somme toute, la récolte et le rassemblement des ressources sont un travail intéressant et héroïque de la part du castor. En l'effectuant, il prend de grands risques : la récolte est souvent effectuée loin de la maison dans des endroits dangereux pour un castor.

Pendant plus d'un quart de siècle, j'ai rendu visite à ces colonies de castors dans lesquelles je me suis longtemps et tendrement attardé. Que le castor fait des erreurs est certain, mais c'est un animal intelligent et qui réfléchit. J'en suis depuis longtemps fermement convaincu. Comme je l'ai dit dans *Vie sauvage sur les Rocheuses* : « je l'ai si souvent vu changer ses plans si intelligemment et faire face aux urgences si rapidement et si bien que je ne le vois que comme un être capable de raisonner. »

Comme preuve qu'il réfléchit, on peut citer qu'il s'efforce de temps en temps à faire tomber les arbres dans une certaine direction, qu'il évite souvent de couper ceux qui sont enchevêtrés au niveau des cimes, que des fois, en cas de vent, il fera tomber les arbres du côté qui n'est pas exposé au vent, qu'il évite généralement de faire tomber des arbres au milieu d'un bosquet et coupe plutôt en bordure. Il endigue de temps en temps un ruisseau, creuse un canal, amène l'eau jusqu'à un endroit sec où il forme et remplit un réservoir d'eau qui devient son étang puis y établit une maison. Il construit souvent sa maison au printemps et évite ainsi le danger d'épaisses couches de glace. Voilà certaines de mes raisons qui me font croire qu'il est intelligent.

Morgan parle du castor comme étant « doté d'un principe mental qui accomplit pour lui la même chose que ce que l'esprit humain fait pour l'homme » et il dit que « les ouvrages du castor offrent de nombreuses illustrations intéressantes de son intelligence et de sa capacité à raisonner. » Il ajoute que « dans la capacité qu'il montre ainsi à adapter ses ouvrages aux circonstances toujours changeantes dans lesquelles il se trouve au lieu de suivre aveuglément une procédure invariable, on a une preuve qu'il possède une intelligence et un libre-arbitre sans aucun doute. »

M. George J. Romanes a l'opinion suivante sur le castor : « le castor se tient incontestablement comme le plus remarquable des rongeurs pour ce qui est de l'instinct et de l'intelligence. En effet, il n'y a aucun animal – pas même les fourmis ou les abeilles – où l'instinct s'est élevé à un degré aussi haut d'adaptation face à certaines conditions constantes de l'environnement ; où les facultés, indubitablement intuitives, sont plus étonnamment façonnées de facultés sans aucun doute pas moins intelligentes... C'est vraiment impressionnant que des animaux s'impliquent dans des travaux d'architecture si vastes avec ce qui apparaît être un objectif délibéré de sécuriser, par des moyens artificiels, les avantages particuliers qui surviennent de leur haut niveau d'ingénierie. Si impressionnant, en effet, que nous les interprètes sérieux chercherions volontiers une explication qui ne nécessiterait pas l'inférence que ces actions sont dues à une appréciation intelligente, soit des avantages qu'ils tirent de leurs ouvrages, soit des principes hydrostatiques auxquels leurs ouvrages se réfèrent clairement. »

M. Alexander Majors, à l'origine du Pony Express[13] et qui a

---

13 NdT : service de distribution du courrier entre 1860 et 1861 aux États-Unis. Ce service transportait le courrier à l'aide de chevaux et de relais le long des régions qu'il traversait : les Grandes Plaines, les Montagnes Rocheuses, la Sierra Nevada jusqu'à Sacramento en

vécu une vie longue et alerte dans la nature, rend cet hommage particulier au castor dans son *Soixante-dix ans de Frontière*[14] : « le castor, considéré comme un ingénieur, est un animal remarquable. Il peut faire un tunnel aussi droit que le meilleur des ingénieurs pourrait le faire avec ses outils pour le guider. J'ai vu des endroits où les castors construisaient des barrages sur le cours d'eau et, n'ayant pas suffisamment d'eau en amont pour maintenir leur étang rempli, ils passaient alors sur un cours d'eau plus haut dans la montagne, y tranchaient un fossé et le connectaient avec l'étang plus bas, et ils le faisaient aussi soigneusement qu'un ingénieur pouvait le faire avec ses outils. J'ai souvent dit que le castor des Montagnes Rocheuses avait plus de compétences techniques que le corps entier des ingénieurs associé à l'armée du Général Grant quand il assiégea Vicksburg au bord du Mississippi. Le castor n'aurait jamais tenté de transformer le Mississippi en un canal artificiel pour modifier son lit naturel sans faire d'abord un barrage en travers du fleuve en dessous du point de départ pour le canal artificiel. Le castor, comme je l'ai dit, rivalise et des fois même surpasse l'ingéniosité de l'homme. »

Longfellow a transcrit l'esprit du monde des castors en mots et permet à chacun de s'imaginer le milieu primitif dans lequel le castor vivait :

« Si vous me demandez, d'où viennent ces histoires ?
Ces légendes et traditions,
Avec les odeurs de la forêt,
Avec la rosée et l'humidité des prairies,

Si vous me demandez où Nawadaha a-t-il
Trouvé ces chansons sauvages et imprévisibles
Trouvé ces légendes et traditions,
Je vous répondrais, je vous dirais,
"Dans les nids des oiseaux de la forêt,
Dans les huttes des castors." »

Californie.
14 NdT : *Seventy Years on the Frontier* en anglais, paru en 1893.

Et le rusé Pau-Puk-Keewis, fuyant la colère de Hiawatha, courut, -

« Jusqu'à ce qu'il arrivât à un petit ruisseau,
Au milieu de la forêt,
À un petit ruisseau calme et tranquille,
Qui avait débordé de ses rives,
À un barrage fait par les castors,
À un étang d'eau tranquille,
Où les arbres s'y tenaient jusqu'aux genoux,
Où des lys d'eau flottaient,
Où des joncs ondulaient et chuchotaient,
    Sur le barrage se tenait Pau-Puk-Keewis,
Sur le barrage de troncs et de branches,
Entre lesquels l'eau jaillissait,
De ce sommet coulait le petit ruisseau.
Du fond de l'étang, le castor s'éleva,
Regarda avec deux grands yeux émerveillés,
Des yeux qui semblaient questionner,
L'étranger Pau-Puk-Keewis. »

Chapitre 5
Le barrage de castors

Des millions d'étangs de castors ont orné les étendues sauvages à l'époque des premiers colons. Ces étangs poétiques et aux bords irréguliers variaient en longueur d'un mètre à un kilomètre et en surface, ils variaient d'un étang d'un demi-kilomètre carré à une mare miniature qu'une demi-douzaine d'enfants pouvaient encercler. Ce sont les castors qui ont formé ces étangs en construisant des barrages. Les barrages variaient aussi en taille et étaient faits de branches longues et fines combinées à des bâtons, des pierres, des résidus, des joncs et de la terre.

Dans les Badlands du Dakota, j'ai vu deux barrages faits de morceaux de charbon. Les castors avaient extrait ces matières d'une falaise à proximité. J'ai déjà rencontré quelques barrages qui étaient construits avec des pierres de taille moyenne ou des galets. L'avant de ces barrages qui faisait face à l'eau était rempli et recouvert d'argile et c'était là l'ouvrage de « castors d'herbe » – des castors qui subsistent principalement grâce aux herbes et qui vivent dans des régions quasi déboisées.

Je doute qu'un barrage soit fait exclusivement de troncs d'arbres ou d'arbres grands placés en travers d'un cours d'eau. J'ai cependant vu quelques barrages véritablement faits de troncs mais dans ces barrages, les troncs étaient placés parallèlement au courant de l'eau. L'un de ces barrages se trouve dans les montagnes de Sawtooth dans l'Idaho. Ici, une avalanche a emporté plusieurs centaines d'arbres jusqu'en bas de la montagne et les arbres se sont empilés sur la rive d'un cours d'eau. Les castors d'une colonie située à proximité acceptèrent ce cadeau des dieux et ils construisirent avec ces troncs d'arbre encombrants un barrage à environ 60 mètres en aval du cours d'eau où l'avalanche avait empilé les arbres. Ce barrage était massif, environ 12 mètres de long et 2,40 mètres de haut. Il ressemblait plus à un encombrement de bois jeté pêle-mêle qu'à un barrage, mais il remplissait la fonction qui lui avait été désignée : il éleva le niveau de la rivière pour que l'eau débordât d'un côté et se déversât abondamment contre une falaise et à travers un bois de trembles que les castors entreprirent d'abattre et de récolter.

La majorité des barrages sont faits de bâtons fins, longs et verts, c'est-à-dire fraîchement coupés et qui n'ont pas eu le temps de sécher. Les castors placent en bas du barrage les bâtons dans le sens de la longueur par rapport au courant et les entrelacent avec les bouts en amont placés 30 centimètres plus haut que les bouts en aval. Avec ces bâtons de bois, on trouve de temps en temps des petits arbres branchus avec le bas des troncs placé en amont et la partie broussailleuse des arbres placée en aval. S'ils sont mis dans le courant, ils sont parfois alourdis avec de la boue ou des pierres. Des bâtons petits et robustes et d'autres plus longs et plus fins sont adroitement mêlés dans le barrage à mesure qu'il s'élève. Des bâtons le recouvrent et de nombreux barrages terminés ont l'air d'être faits d'immenses ciseaux de bâtons et de branches à demi fermés et inclinés. Ainsi un barrage est doublement entrelacé. Le barrage résiste contre les forces à la fois par les branches et les bâtons mis bout à bout et parallèles au courant et par ceux inclinés par rapport au courant.

La forme d'un barrage et le matériel utilisé pour le construire dépendent de plusieurs choses : la nature du lieu où il est construit, le type de matériaux disponibles pour sa construction, l'objectif visé par la construction du barrage et la connexion qu'il peut avoir avec d'autres barrages déjà construits. Des fois, les castors réalisent un petit barrage – qui peut devenir plus tard beaucoup plus grand – en creusant simplement un fossé en travers d'un cours d'eau ou en travers d'un bassin et en empilant ainsi les matières déterrées pour en faire un barrage.

Les castors, comme les hommes, n'ont pas tous les mêmes capacités et talents pour planifier et faire le travail, et le travail de la plupart des castors manque de perfection. Les erreurs ne sont pas inhabituelles. Plus d'une colonie de castors a commencé un barrage apparemment sans savoir qu'il n'y avait pas assez de matériel disponible pour le terminer. D'autres colonies ont construit au mauvais endroit et ont ainsi échoué à remplir d'eau la zone qu'elles avaient désiré atteindre ou recouvrir. De temps en temps, les difficultés de construction sont trop grandes pour les castors qui entreprennent le barrage et le barrage est abandonné dans un état inachevé. De temps en temps, un barrage faible se casse ou un barrage solide est emporté par une crue.

    Mais pourquoi les castors ont-ils besoin ou veulent-ils un étang formé par un barrage ? Ils ont besoin d'un barrage pour maintenir l'eau à une profondeur suffisante et la maintenir dans une zone qui leur permet de se déplacer en sécurité et de transporter leurs provisions avec la plus grande facilité. Par-dessus tout, l'étang est un lieu de refuge dans lequel le castor plonge à tout moment et est en sécurité des nombreux prédateurs toujours à l'affût. L'entrée de sa maison doit toujours être recouverte d'eau. Dans l'eau, le castor est dans son élément. Sur terre, c'est un enfant perdu dans la nature. Il a des pattes extrêmement petites et un corps lourd. Son apparence physique lui convient pour se déplacer dans l'eau. Dans l'eau, c'est un nageur gracieux et il peut se déplacer facilement et échapper aux prédateurs. Tandis que sur terre, il est empoté et maladroit, il se déplace lentement et est facilement rattrapé ou attaqué par surprise. Une eau d'une profondeur et d'une superficie suffisantes est alors essentielle à la vie et au bonheur du castor. Pour avoir ceci à chaque instant, il est nécessaire dans les régions où l'eau est parfois insuffisante de la maintenir à l'aide de barrages et d'étangs.

    Un étang profond est nécessaire autour de la maison et des étangs superficiels dont les rives sont à proximité des bois facilitent le transport du bois que les castors coupent et récoltent plus loin. Les castors placent les barrages en travers des cours d'eau dont les eaux vont être dirigées vers de nouveaux embranchements et approvisionner ailleurs des canaux ou des étangs. Les barrages sont aussi mis en travers de canaux inclinés pour attraper et retenir l'eau à l'intérieur. Les cours d'eau et les ruisseaux sont les avenues sur lesquelles les castors se déplacent et voyagent. Dans une région habitée par des castors, il n'est pas rare de voir le long de ruisseaux peu profonds un petit barrage qui forme un point d'eau profond.

Ces points d'eau sont maintenus par les castors et servent d'abri pour que les castors qui voyagent puissent plonger dedans en sécurité et se réfugier après avoir été pourchassés.

   La plupart des barrages de castors sont construits là où ils prévoient de s'installer. Tous les barrages subissent des agrandissements. Un nouveau barrage est petit et relativement bas en comparaison. Il est agrandi selon le besoin et les conditions. Quand les arbres au bord de l'étang ont été coupés puis récoltés, les castors élèvent le barrage et l'allongent pour remplir d'eau une zone plus grande. Lorsqu'une couche de sédiments remplit l'étang, les castors élèvent et allongent de temps en temps le barrage pour maintenir l'eau à la profondeur souhaitée. Ainsi un barrage peut s'agrandir au fil des ans jusqu'à ce que les possibilités d'une région soient épuisées. Le barrage peut alors être abandonné. Il peut être utilisé pendant quelques années ou pendant un siècle. Un immense barrage de castors peut ainsi représenter le travail de plusieurs générations de castors. Il arrive souvent qu'une ou plusieurs générations utilisent un barrage et l'agrandissent tous les ans. Puis les castors meurent ou migrent. Le vieux barrage reste et tombe en ruine par endroits. Les années passent et d'autres castors arrivent sur les lieux. Le vieux barrage est alors utilisé pour les fondations d'un nouveau barrage. L'aspect ancien des barrages indique qu'ils ont été maintes fois utilisés et abandonnés.

   Les nouveaux barrages principalement constitués de matières brutes ont l'air très différents des barrages anciens. La décomposition des matières, les sédiments, les affaissements, les réparations et d'autres changements arrivent rapidement. De nos jours, les barrages sont construits avec des bâtons. Sur les anciens barrages qui sont grands, il n'est pas rare de voir de vieux arbres de forêt qui ont poussé dessus. Leurs racines s'enchevêtrent dans les matières qui ont servi à construire les barrages et pénètrent profondément à l'intérieur. Les racines d'arbres aident ainsi à ancrer solidement le barrage tout entier.

   Ce n'est seulement que dans certains cas que l'avant des barrages est immédiatement enduit de boue. Cette pratique se fait uniquement là où l'eau est rare. Le but du castor est d'élever l'eau dans l'étang à une certaine hauteur et de la maintenir, l'objectif principal du barrage étant de réguler la hauteur ou la profondeur de l'eau. L'eau, en circulant à travers les nouveaux barrages, dépose à l'intérieur des quantités de bâtons, débris, résidus et sédiments, si bien qu'en une ou deux années, ces matières comblent les trous, arrêtent presque l'écoulement de l'eau et aident à solidifier les barrages. Le débit d'eau des barrages est régulé par le castor. Dans certains cas, l'eau s'échappe du barrage par de nombreux endroits du bas vers le haut ; dans d'autres cas, l'eau s'écoule seulement près du haut du barrage ; et dans d'autres cas encore, le barrage est si solide que l'eau se déverse par-dessus le barrage en un rideau fin. Dans certains cas, cependant, au lieu que l'eau se déverse par-dessus toute la longueur du barrage, le castor la force à se déverser dans une direction donnée à une extrémité du barrage ou des fois à travers un trou ou un tunnel. Les castors cherchent généralement à concentrer le débordement de l'eau à certains endroits du barrage soit pour s'en servir pour le transport, soit pour forcer l'eau à se déverser à un endroit où elle érodera le moins la fondation du barrage. De temps en temps, les castors obligent l'eau à circuler autour de l'extrémité d'un barrage qu'ils élèvent suffisamment en hauteur dans ce seul objectif. Des fois, les castors creusent un déversoir pour l'eau.

Les castors européens semblent avoir à peine atteint la phase de construction des barrages. Ils construisent rarement un barrage, même un petit barrage de rien du tout. Tous les castors américains n'ont pas non plus construit de barrages. À l'époque où la population des castors était nombreuse et largement répartie, il est probable que pas plus de la moitié d'entre eux utilisaient des barrages. Cependant, ceux qui n'utilisaient pas de barrage vivaient dans des endroits où ils n'avaient pas besoin de barrages et des étangs créés en conséquence. La construction de barrages a énormément augmenté la zone habitable des castors. Ces zones d'habitation étaient et sont toujours des milliers de ruisseaux qui chaque année cessent de couler pendant une période et, pourtant, on retrouve sur ces ruisseaux toutes les nécessités pour que les castors y vivent excepté une source d'eau suffisante et permanente. En construisant des barrages, l'eau est stockée pour le lendemain ou la direction des cours d'eau est changée et, avec l'aide de canaux, l'eau est détournée vers un ravin asséché où une colonie de castors est établie.

Le barrage est l'ouvrage le plus grand et à bien des égards l'ouvrage le plus influent du castor. Mis en travers d'un cours d'eau, il est comme une invitation à la circulation pour les habitants de la nature. Dès que le barrage est achevé, il devient une autoroute de la nature sauvage. Il est utilisé jour et nuit. Les ours et les lions des montagnes, les lapins et les loups, les souris et les porcs-épics le traversent ; les tamias l'utilisent comme un pont, les oiseaux se posent dessus, la truite essaye de sauter par-dessus et en soirée, la biche gracieuse se reflète avec les saules dans l'étang paisible du barrage. Proies et prédateurs se précipitent dessus. Batailles et parades nuptiales se déroulent dessus. Le barrage est souvent arraché par des sabots ou des griffes. Des luttes pour la vie le tachent de sang. De nombreuses scènes romanesques, charmantes, féroces et sauvages se produisent sur le barrage d'un castor.

Le barrage des castors donne un nouveau visage au paysage. Il altère fréquemment le cours d'une rivière et change la topographie. Il apporte l'eau dans un lieu. Il nourrit une nouvelle vie végétale. Il apporte des nouveaux oiseaux. Il fournit un abri et une maison pour les poissons pendant le changement des saisons. Il capture des sédiments et de la terre du torrent d'eau, et il envoie l'eau à travers des chemins souterrains pour former et abreuver les sources d'eau qui font fleurir les terrasses plus bas. C'est un distributeur d'eau ; et pendant les journées sombres, nuageuses et orageuses, le barrage des castors retient, arrête ou retarde les eaux qui se précipitent, les conserve et les stocke ; puis lors des jours sans pluie qui suivent, le barrage libère l'eau doucement.

La plupart des vieilles colonies de castors ont de nombreux barrages et étangs. Les castors construisent des fois un barrage dans le but de forcer l'eau en arrière jusqu'au bord d'un bosquet qui est sur le point d'être coupé et récolté pour les réserves de nourriture. Dans de nombreux cas, l'eau circule en boucle à une extrémité du barrage puis, en retournant vers le canal principal, elle est interceptée par un autre barrage, puis un autre et ainsi l'eau d'un petit ruisseau maintient un groupe ou une chaîne de petits étangs.

La majorité des barrages de castors sont aussi tortueux que le cours d'une rivière. De temps en temps, un barrage est droit. Quelques-uns sont construits de la rive jusqu'à un bloc de roche, d'un bloc de roche à un bois de saules et, finalement, peut-être d'un bois de saules à une péninsule qui s'étend plus loin sur la rive. Il n'est pas rare qu'un petit barrage soit construit puis après allongé en ajoutant des matériaux à chaque extrémité. Les deux extrémités du barrage peuvent alors former une courbe en amont ou en aval d'un cours d'eau. Parfois, un barrage est construit simultanément en dehors de l'eau sur deux rives opposées par deux équipes de castors qui travaillent ensemble. Dans un cours d'eau rapide, les castors construisent les extrémités d'un barrage en aval du courant de sorte que, lorsqu'elles se rejoignent finalement au milieu du cours d'eau, le barrage est légèrement incliné en aval.

J'ai une fois observé des castors commencer et achever un barrage dans un cours d'eau moyennement rapide qui, une fois fini, était incliné fortement *en amont* du cours d'eau. Ce n'était cependant pas l'intention des castors. Le matériel utilisé pour construire ce barrage se composait de bâtons de bois longs et fins provenant de saules et d'aulnes que les castors avaient coupés un peu plus loin en amont. Les castors acheminèrent les bâtons en bas en les faisant flotter sur l'eau comme d'habitude. Les castors commencèrent le barrage contre un énorme bloc de roche au milieu du cours d'eau et ils le construisirent vers les deux rives en même temps. Malgré les efforts répétés des castors pour le prolonger en ligne droite vers les deux rives, la force du courant poussa les extrémités en construction vers le bas et, quand les deux extrémités du barrage atteignirent finalement la rive, ce barrage de quinze mètres avec pour pièce centrale un bloc de roche arquait sur environ quatre mètres en avant des bases.

Pas loin d'où j'ai vécu dans les montagnes quand j'étais plus jeune, les castors construisirent un barrage. Il était légèrement incliné en amont. Quelques années plus tard, le barrage doubla de longueur quand ils construisirent une extension qui s'inclinait en aval à l'une des extrémités. Le barrage se tenait ainsi en contre-courbe. Plus tard, le barrage fut encore prolongé avec l'une des extrémités qui s'étirait de manière relativement droite et l'autre extrémité qui s'étirait et s'inclinait en aval. Les castors ont récemment rajouté des extensions qui ressemblent à des ailes et qui s'étendent en amont. Le barrage tel qu'il est maintenant s'étend sur les trois quarts du bord de l'étang qu'il forme.

Il n'est pas rare que les castors planifient et construisent un barrage avec une voûte à contre-courant de l'eau qu'il récupère après. Le barrage le plus intéressant de ce genre que j'eusse jamais vu était un barrage mis en travers du col étroit d'un bassin en forme de cloche et qui faisait 60 mètres de long. Le matériel utilisé pour ce barrage provint d'un petit bois de trembles qui s'étendait d'un côté du bassin. Le fond du bassin était partiellement recouvert de quelques centimètres d'eau. En commençant le barrage, les castors savaient évidemment où ils voulaient le construire. Ce n'était pas près des trembles où les matériaux étaient accessibles et où le barrage aurait besoin d'être de 36 mètres de long, mais c'était 15 mètres plus loin où un barrage de seulement 12 mètres de long était nécessaire. Le barrage terminé s'inclinait de 2 mètres sur l'eau qu'il retenait. Les castors commencèrent à construire l'extrémité du barrage la plus proche des trembles, tirant et traînant des bâtons de bois sur les 15 mètres qui les séparaient du bassin. Ils posèrent ces longs bâtons de trembles qui faisaient entre 5 centimètres et 12 centimètres de diamètre et entre 1,20 mètres et 3,60 mètres de long perpendiculairement à la longueur du barrage, en les plaçant pour la plupart avec les bouts les plus larges mis en amont ou à contre-courant. Mais l'eau était peu profonde et le transport des trembles jusqu'au barrage fut difficile. En conséquence, les castors creusèrent un fossé – un canal – allant des trembles jusqu'à l'endroit où ils construisaient le barrage. Le fossé était d'environ 65 centimètres de large et de 40 centimètres de profondeur. L'eau remplit le fossé et offrit ainsi un moyen facile pour transporter et faire flotter les bâtons de bois de l'endroit où ils étaient coupés à l'endroit où ils étaient utilisés pour la construction. Ce fossé s'avançait sur la ligne supérieure du barrage et de plusieurs mètres en avant de l'endroit où la construction progressait. Les castors posèrent les pointes des bâtons sur la terre qu'ils avaient retirée pour creuser le fossé. Quand le barrage fut finalement achevé, il mesurait approximativement 2,40 mètres de large à la base et 1,20 mètres de haut. Dès qu'il fut achevé, les castors rembourrèrent le bord dans l'eau avec de la boue et des racines d'herbe qu'ils avaient déterrées en creusant le fossé de construction directement devant le barrage. Ils agrandirent le fossé dans lequel ils avaient fait flotter le bois au-dessus du barrage en un canal plus profond et plus large et se servirent des matières déterrées pour renforcer et rendre étanche le barrage.

Le plus long barrage de castors que j'aie jamais vu était sur la rivière Jefferson à côté de Three Forks dans le Montana. Il mesurait 652 mètres de long. La plus grande partie du barrage était ancienne. Le barrage mesurait moins de 1,80 mètres de haut sur plus de la moitié ; en revanche, deux petites parties dans le barrage étaient hautes de 4,20 mètres, larges de 7 mètres à la base et larges de 1,50 mètres en haut.

Barrage et étang de castors

Barrage et étang de castors

Barrage et étang de castors

Chapitre 6
Temps de récolte avec les castors

Un automne, j'observai une colonie de castors et étudiai les coutumes de ses habitants primitifs pendant qu'ils rassemblaient leur récolte pour l'hiver. Il s'agissait de la colonie de l'Épicéa, la colonie la plus charmante parmi les seize colonies de castors sur la grande moraine de la pente du pic Longs.

Le premier soir, je me cachai près d'une maison de castors au bord de l'étang. Juste au moment du coucher du soleil, un grand castor, âgé, à l'allure frappante et patriarcale, se redressa dans l'eau près de la maison et nagea lentement et silencieusement en faisant le tour de l'étang. Il resta près du bord de l'étang et sembla guetter pour voir si un prédateur rôdait dans les parages. Il fit le tour de l'étang puis il grimpa sur un tronc qui flottait dans l'eau à quelques mètres de la rive. À ce moment, plusieurs autres castors apparurent dans l'eau à côté de la maison. Quelques-uns sortirent tout de suite de l'étang et se dandinèrent calmement sur la rive. Les autres nagèrent quelques minutes de plus puis rejoignirent leurs camarades sur la terre où ils se reposèrent tous un moment.

Pendant ce temps, le vieux castor avait attrapé dans l'eau une petite branche de tremble et s'était accroupi sur le tronc, grignotant tranquillement l'écorce de la branche. Seulement quelques minutes après, les autres castors devinrent agités et commencèrent finalement à gravir la pente en suivant la piste habituelle. Ils se déplacèrent lentement en file indienne et, l'un après l'autre, ils disparurent dans les grandes tiges de carex. Le vieux castor se glissa sans un bruit dans l'eau et une série de petites vagues pointèrent en direction de la maison. Il faisait sombre quand je m'esquivai en silence pour la nuit avec la planète Mars se reflétant doucement dans l'eau noire.

C'était une ancienne colonie de castors et les nombreuses récoltes amassées par les castors avaient depuis longtemps épuisé les bois de trembles à proximité. L'écorce de tremble est l'aliment préféré du castor nord-américain bien qu'il mange aussi les écorces de saule, de peuplier, de l'aulne et de bouleau.

En examinant les ressources en trembles ainsi que les voies de transport – les pistes, les canaux et les étangs – elles indiquèrent que la récolte de cette année devrait être transportée sur une longue distance. L'endroit d'où la récolte proviendrait était un petit bois de trembles loin en haut de la pente, à environ 400 mètres de distance de la maison principale et sur une trentaine de mètres de dénivelé. Je taillai trois encoches dans ce bois sur les troncs de plusieurs arbres pour pouvoir les reconnaître s'ils se retrouvaient dans la pile récoltée ou le long de la voie de transport jusqu'à la pile de récoltes.

Le territoire de cette colonie occupait plusieurs hectares sur la pente terrassée et moyennement abrupte d'une moraine montagneuse. D'un côté se précipitait un cours d'eau rapide sur lequel les castors maintenaient trois petits étangs rarement utilisés. De l'autre côté se trouvaient la pente et le sommet de la moraine. Un grand étang se trouvait en bas et un ou deux petits étangs – des bassins remplis d'eau – parsemaient chacune des cinq terrasses situées plus haut. Le territoire tout entier était perforé de passages souterrains et de tunnels.

En général, les castors remplissent d'eau leur étang en plaçant un barrage en travers d'un ruisseau ou d'une rivière. Mais cette colonie obtenait la plus grande partie de son eau de sources qui coulaient à flot sur la terrasse la plus haute où l'eau était dirigée vers un étang et un certain nombre de bassins. Débordant des bassins, l'eau coulait soit en une petite cascade, soit partait mouiller une sorte de toboggan emprunté par les castors pour transporter le bois, glisser ou se déplacer facilement sur les petites pentes qui menaient aux étangs sur la terrasse d'en dessous. L'eau de toutes les terrasses se déversait dans un large étang en bas. Cet étang mesurait 180 mètres de circonférence. Le barrage tortueux et recouvert d'herbes sauvages encerclait presque tout l'étang, il mesurait 1,80 mètres de haut et faisait 120 mètres de long. Au coin du barrage, à l'endroit le plus élevé du barrage, se tenait la maison principale qui faisait 2,40 mètres de haut et 12 mètres de circonférence. Il y avait aussi une autre maison sur l'une des terrasses.

Après avoir marqué les trembles de trois entailles, je passai du temps à explorer le territoire de la colonie et ne revins que deux jours plus tard voir les arbres marqués. La récolte avait commencé et les castors avaient fait tomber l'un des plus grands arbres que j'avais marqué et l'avaient emporté. La souche rongée par les castors faisait 15 centimètres de diamètre et 38 centimètres de haut. Les branches avaient été coupées, un certain nombre d'entre elles étaient éparpillées au sol autour de la souche. Le tronc qui avait dû faire 5,40 mètres de long avait disparu, probablement coupé en longueurs ou sections qui allaient de 90 centimètres à 1,80 mètres et qui commençaient leur descente vers la pile de récolte. Me demandant pour quelle maison ces sections de bois étaient destinées, je suivis la piste qui descendait en espérant retrouver leurs traces jusqu'à la maison ou les trouver *en route*. De l'endroit où elles furent coupées, elles avaient été roulées en bas d'une pente herbeuse abrupte de 20 mètres de long. Puis en bas de la pente, elles avaient été tirées au sol sur une vingtaine de mètres entre des pins tordus[15] puis poussées et traînées sur une piste étroite que les castors avaient préparée en coupant des arbres pour dégager le passage. La piste se faufilait dans un bosquet de saules. Une fois entre les saules, les castors poussèrent ces sections de bois dans l'étang le plus haut et les transportèrent dans l'étang, puis les poussèrent par-dessus le barrage de l'autre côté et les envoyèrent le long d'un toboggan dans l'étang où se trouvait la petite maison. Seulement quarante-huit heures plus tôt, les petites sections que j'avais suivies étaient un arbre et, maintenant, je m'attendais à les trouver près de la maison. Je me disais que les castors avaient fait du bon travail de les avoir amenées ici si vite. Mais je ne trouvai aucune section de bois près de la maison ou dans l'étang ! Les castors de cette maison n'avaient encore rien entreposé pour l'hiver. Les sections de bois avaient dû partir encore plus loin.

De l'autre côté de cet étang, je trouvai l'endroit où les castors

---

15 NdT : le pin tordu (*Pinus contorta*), appelé aussi pin lodgepole, est un conifère présent dans l'ouest de l'Amérique du Nord.

avaient traîné les sections de bois au-dessus du grand barrage puis les avaient poussées dans un long toboggan – une sorte de pente rendue glissante par l'eau et la boue. Les sections de bois avaient atterri dans une toute petite clairière. Un canal d'environ 25 mètres de long partait de la clairière, faisait le tour de la terrasse et terminait en haut d'une longue pente glissante qui descendait dans le grand étang. Ce canal était nouveau et avait probablement été creusé spécialement pour cette récolte. Sur 18 mètres, le canal avait une forme bien régulière, une largeur moyenne de 75 centimètres et une profondeur de 35 centimètres. La terre déterrée en creusant le canal était entassée uniformément le long du canal. D'une manière générale, cela ressemblait plus au travail d'un homme méticuleux muni d'une pelle qu'à celui d'un castor sans outil. Les fuites d'eau et les débordements des étangs plus haut remplissaient d'eau le canal, l'eau coulant lentement dedans jusqu'au bout, puis s'écoulant alors sur la longue pente glissante jusqu'au grand étang. Les sections de bois avaient été emportées une par une dans le canal. Je trouvai la section la plus basse du tronc à la fin du canal. Elle avait probablement été trop lourde à soulever du canal, mais des traces dans la boue indiquaient que les castors avaient mené une lutte acharnée avant de l'abandonner sur place.

Les castors avaient commencé à empiler les arbres récoltés pour leur réserve d'hiver. Près de la grande maison, quelques feuilles de trembles flottaient sur des brindilles dans l'eau. De toute évidence, ces brindilles étaient rattachées à des branches ou des sections plus grandes de trembles qui étaient empilées sous l'eau. Se pouvait-il que le tremble, que j'avais marqué sur le flanc de la montagne à 400 mètres de distance un peu plus tôt et que j'avais suivi le long des pentes et des toboggans, puis dans le canal jusqu'à l'étang, fût maintenant empilé au fond de cet étang ? Je pataugeai dans l'eau, sondai avec un bâton et trouvai plusieurs sections de bois de tailles plus petites. Tirant l'une de ces sections à la surface, je découvris trois entailles dessus.

Les castors avaient évidemment fait couler ces sections de bois lourd fraîchement coupé jusqu'au fond de l'étang en empilant tout simplement d'autres sections de bois similaires par-dessus. Ces sections de bois étant lourdes et entreposées dans une eau calme, un léger contact avec le fond de l'étang empêcherait les sections de bois accumulées de dériver jusqu'à ce qu'une grosse pile puisse être formée. Cependant, dans une eau profonde ou dans un fort courant, j'ai remarqué que les castors ancraient les premiers morceaux de bois au fond de l'étang en les plaçant contre le bas de la maison ou contre le barrage.

    Les castors abattirent de nombreux trembles dans le petit bois où ceux que j'avais marqués d'une entaille se trouvaient. Ils retirèrent les branches des trembles puis ils coupèrent les trembles en sections ; ils emportèrent sections, branches et troncs sur la piste que j'avais suivie et les entassèrent finalement en une pile à côté de la grande maison. La récolte des arbres dura pendant un mois. Tous étaient occupés, se préparant avec sérieux pour l'hiver. Dans la forêt, les écureuils en haut des arbres faisaient tomber sans cesse une pluie de cônes qui s'entrechoquaient entre eux sur le tapis de feuilles mortes. Les tamias enjoués cherchaient leur nourriture et gambadaient au milieu des feuilles marron et des plantes fanées pendant que les feuilles dorées des trembles tombaient devant les faucilles d'ivoire des castors. J'eus de cette étrange récolte un aperçu splendide et une vue grandiose. Les castors étaient fort occupés ! Ils étaient occupés dans le bois sur le flanc abrupt de la montagne ; ils tiraient des troncs sur les pistes ; ils les précipitaient dans les bassins d'eau, luttaient pour les soulever du canal et les empilaient joyeusement près de la maison rudimentaire dans l'eau. Je les observais au fil des heures. Je les regardais travailler dans la nuit sombre, silencieuse et étoilée ; je les voyais quitter leur maison avec entrain pour récolter le bois dans le crépuscule paisible et je les observais travailler activement sous le soleil de midi.

    Les castors coupèrent la plupart des trembles entre 33 et 38 centimètres au-dessus du sol. Quelques souches faisaient moins de 12 centimètres de haut et un certain nombre faisaient 1,20 mètres de haut. Si les castors avaient dû couper certains trembles si haut, c'était probablement car ils les avaient coupés en prenant appui sur des trembles penchés et enchevêtrés les uns sur les autres qu'ils abattirent par la suite. Le diamètre moyen des trembles coupés était de 11 centimètres à hauteur de souche. De nombreux jeunes trembles d'un diamètre de deux centimètres et demi furent coupés. L'arbre le plus grand que les castors firent tomber pour cette récolte mesurait 35 centimètres de diamètre au niveau de la souche. Celle-ci avait été coupée seulement quelques heures avant que je ne la trouve et une traînée de copeaux blancs et de morceaux de bois entourait la souche sans vie comme une couronne. En tombant, le haut de la souche s'était logé à 1,80 mètres du sol dans des aulnes enchevêtrés ensemble. Le tremble coupé resta perché comme ça pendant plusieurs jours, apparemment abandonné ; mais la dernière fois que je partis le voir, les castors étaient en train de couper les aulnes qui le maintenaient en l'air. Bien que les aulnes fussent imposants, seuls ceux qui avaient tenu le tremble furent coupés. Les castors qui les avaient abattus avaient sûrement examiné la situation et réfléchi avant de les couper.

Pourquoi ce tremble et plusieurs autres grands trembles n'avaient pas été coupés alors qu'ils étaient à un endroit pratique pour la récolte ? Tous les autres trembles avaient été coupés il y a des années. Une explication est que les castors réalisèrent que les trembles étaient enchevêtrés en hauteur dans des branches d'épicéas entassés les uns sur les autres : les trembles ne tomberaient pas si coupés par le bas. Ce tremble et un autre étaient les deux seuls grands arbres qui furent coupés : les castors avaient dégagé leur cime encombrée d'épicéas en renversant certains épicéas et en cassant plusieurs branches sur d'autres épicéas. D'autres grands trembles ici et là ne furent pas coupés, mais tous étaient pris dans des branches d'épicéas à proximité.

C'était l'habitude de ces castors de transférer un arbre vers la pile de récolte immédiatement après l'avoir coupé. Mais un matin, je trouvai des troncs sur les pentes glissantes, dans les toboggans et dans les canaux. Le travail avait été laissé tel quel dans les bois sans être terminé, comme si tout avait été abandonné soudainement dans la nuit en plein travail. Des coyotes avaient hurlé durant la nuit, mais ce n'était pas inhabituel. En parcourant leur territoire, je découvris pourquoi le travail n'avait pas été fini : des empreintes d'ours et de nombreuses empreintes de loups étaient encore fraîches dans la boue.

Une fois toute la récolte rassemblée, je partis un jour de l'autre côté de la moraine observer brièvement les méthodes de la colonie des castors de l'Île. La colonie de l'Épicéa et la colonie de l'Île faisaient certaines choses très différemment. Dans la colonie de l'Épicéa, la coutume était de déplacer les trembles abattus tout de suite après vers la pile des récoltes. Dans la colonie de l'Île, la coutume était de couper d'abord la plupart des arbres servant pour la récolte avant de commencer à les transporter vers la pile à côté de la maison. Sur les 162 arbres abattus par les castors de la colonie de l'Île pour la récolte, 127 étaient toujours à l'endroit où ils étaient tombés. Cependant, le transport des arbres était en cours ; quelques troncs étaient déjà empilés à côté de leur maison et de nombreux autres troncs étaient dispersés le long des canaux, des pistes dégagées, des toboggans et des pentes glissantes entre la maison et le lieu de récolte dans les bois.

Les castors de la colonie de l'Île travaillaient aussi davantage pour rien. C'était particulièrement le cas dans l'abattage des arbres : les castors avaient tenté de faire tomber des arbres dont les branches étaient entremêlées ensemble, empêchant les arbres de tomber. Un tremble de 12 centimètres de diamètre avait été coupé trois fois par le bas. La troisième entaille était à plus d'un mètre du sol et avait été faite par un castor qui travaillait du haut d'un tronc renversé. Ce tremble coupé par le haut refusa pourtant de tomber et il pendit comme un ballon dégonflé dans la cime des arbres.

Des chasseurs qui rôdaient dans les environs de la colonie de l'Île avaient obligé les castors à travailler de nuit. En revanche, la colonie de l'Épicéa était isolée et, de temps en temps, les castors travaillaient et jouaient même en plein jour. Chaque jour, je me cachais, me tenais immobile et attendais ; et quelques fois, je les regardais travailler en plein jour.

Par une journée venteuse, juste alors que je me détachais de la corde qui me maintenait à la branche tremblante d'un épicéa, je vis en dessous quatre castors avancer d'un pas lourd en file indienne. Ils étaient sortis d'un trou entre les racines de l'épicéa. Ils se séparèrent à une quinzaine de mètres devant un bois de trembles. Bien qu'ensemble, chacun semblait être complètement inconscient de la présence des autres. Un s'accroupit au sol près d'un tremble, prit un morceau d'écorce sur le tremble et mangea tranquillement. Il finit par se lever, serra le tremble entre ses pattes avant et commença à mordre le tremble méthodiquement. Il le coupait délibérément. Le castor le plus âgé se dandina jusqu'à un tremble, regarda fixement la cime du tremble pendant quelques secondes, puis se recula de trois mètres et commença à faire tomber un autre tremble dont le tronc faisait 12 centimètres de diamètre : l'autre tremble était enchevêtré en hauteur. À ce moment-là, un troisième castor choisit un arbre et, après quelques soucis pour s'asseoir ou s'accroupir confortablement, il commença aussi à le couper. Le quatrième castor disparut et je ne le revis pas. Alors que je cherchais le quatrième castor, le vieux castor dont l'apparence vénérable m'avait impressionné le premier soir arriva sur les lieux. Il sortit d'un trou au sol sous des épicéas à 30 mètres de distance. Il ne regarda ni à droite ni à gauche, ni en haut ni en bas, pendant qu'il se dandinait vers le bois de trembles. À mi-chemin, il se retourna soudainement et étudia, inquiet, l'espace à découvert qu'il venait de traverser, comme s'il avait entendu le bruit d'un prédateur derrière lui. Puis avec indifférence et un air impassible, il continua tranquillement son chemin. Il s'arrêta pendant un moment entre les castors qui coupaient mais rien ne sembla indiquer que les castors se rendaient compte de sa présence. Il mangea l'écorce d'une branche encore fraîche trouvée par terre, se déplaça, puis entra dans le trou au pied de l'épicéa sur lequel j'étais. Il avait l'air si grand que je mesurai après la distance entre les deux trembles où il s'était arrêté. Il faisait bien au moins un mètre de long et pesait probablement 20 kg. Il avait tous ses orteils, il n'y avait pas de marque blanche sur son corps ; en fait, il n'y avait aucune marque ou tache pour me permettre de l'identifier formellement. Et pourtant, je ressentis que, pendant le mois passé autour de la colonie de l'Épicéa, j'apercevais le patriarche du premier soir dans plusieurs scènes d'action.

Soixante-sept minutes après que le deuxième castor commença à couper, il fit une courte pause ; puis il fit soudainement un bruit sourd avec sa queue au sol, arracha précipitamment quelques morceaux de bois supplémentaires et fuit en courant avec les deux autres castors qui partirent un peu en avance par rapport à lui, juste alors que son tremble de dix centimètres de diamètre cessait de tanguer et tombait. Tous s'arrêtèrent un moment près du trou sous l'épicéa où j'étais perché, puis le castor âgé retourna à son travail. Celui qui avait fait tomber son arbre le suivit de près et commença immédiatement à couper un autre tremble. L'autre castor, avec son tremble à moitié taillé, partit dans le trou et n'en ressortit pas. Puis un vieux castor et un jeune castor finirent par sortir du trou. Le jeune castor commença immédiatement à couper les branches du tremble récemment tombé, pendant que l'autre castor finissait de couper l'arbre à moitié taillé ; mais il ignora le travail que l'autre castor avait commencé et coupa le tronc dix centimètres plus haut. Soudainement, le vieux castor claqua le sol de sa queue et courut mais à neuf mètres de distance, il s'arrêta et tapa nerveusement le sol avec sa queue pendant que son tremble s'arrêtait lentement de tanguer et tombait. Puis il partit dans le trou sous l'épicéa où j'étais.

La récolte de cette année était tellement plus importante que d'habitude qu'il se pouvait que la population de cette colonie eût augmenté avec l'arrivée d'émigrants d'une colonie persécutée plus bas dans la vallée. La récolte totale montait à 443 arbres. La pile en conséquence fut d'une hauteur de 1,20 mètres sur une circonférence de 27 mètres. Les castors placèrent une épaisse couche de saules par-dessus la pile de récolte – je ne pouvais pas en dire la raison à moins que ce fût pour protéger tous les trembles et les garder hors d'atteinte du gel à venir. Tous ces arbres récoltés, avec en plus les nombreuses racines de saules et de plantes aquatiques que les castors mangent au fond de l'étang, subviendraient à une population nombreuse de castors pendant les jours de neige et de glace.

Quand je fis ma dernière promenade dans la colonie, tout était prêt pour l'arrivée d'un hiver froid et long. Les barrages étaient réparés et les étangs débordaient d'eau, les couches fraîches de boue sur les maisons gelaient pour défier les prédateurs cet hiver et une récolte abondante attendait les castors chez eux. Rassembler la récolte est plein d'espoir et d'excitation. Quel joie cela doit être pour chaque homme ou animal qui y participe ! Quelle satisfaction aussi pour tous ceux qui dépendent de la récolte de savoir qu'elle est abondante pour les jours froids et glacés.

Les castors de cette colonie charmante, étrange et sauvage s'étaient bien organisés et s'étaient bien préparés. Je leur souhaitai un hiver sans ennemi ou destin cruel et espérai que lorsque juin viendrait encore, de jeunes castors joueraient avec les castors adultes au milieu des lys tigrés à l'ombre des grands épicéas.

Castor en train d'abattre un arbre

Haut et bas : arbres abattus par les castors. Les souches d'arbres rongés et coupés sont des signes de présence des castors.

Castor qui s'apprête à mordre dans un tronc

Ce même castor au travail

Castor en train de rapporter des branches à l'étang

Chapitre 7
Moyens de transport

Deux années successives de sécheresse avaient grandement réduit le niveau d'eau du lac Lily et, en conséquence, la faible profondeur de l'eau mit ses habitants les castors dans une situation grave. Le lac recouvrait environ quatre hectares et mesurait 1,20 mètres à son niveau le plus profond tandis que les neuf dixièmes du lac faisaient 60 centimètres ou moins de profondeur. Il était alimenté par des sources. Tôt en automne 1911, l'eau disparut complètement sur environ la moitié du lac et le reste devint si superficiel que les castors ne pouvaient plus nager sous la surface de l'eau. Cet état de sécheresse les exposa aux attaques des prédateurs et rendit le transport des ressources vers la maison lent et difficile.

Les castors avaient creusé un vaste système de profonds canaux au fond du lac : c'était le fruit de plusieurs années de travail. Grâce à ces profonds canaux, les castors furent capables d'utiliser les lieux jusqu'au dernier moment car les canaux étaient encore remplis d'eau, même après que le lit du lac fut complètement exposé. Un jour d'octobre, alors que je passais près du lac asséché, je vis un coyote s'arrêter au bord du lac. Il redressa les oreilles et observa très attentivement quelque chose qui s'agitait dans l'eau superficielle du canal. Puis il plongea dans l'eau et tenta d'attraper un castor qui luttait pour avancer dans une eau pas assez profonde pour son corps lourd. Bien que le castor réussît à s'échapper, d'autres castors de la colonie n'eurent peut-être pas cette chance.

La sécheresse continua et à la mi-octobre, le lac s'assécha entièrement à part les canaux. Dans un coin se tenait la maison des castors comme une colline solitaire dans la plaine noire et petite du lit du lac. Tous les castors, à l'exception d'un, abandonnèrent le site et partirent vers d'autres lieux, je ne sais où. Un vieux castor resta. Personne ne sut s'il resta par peur de ne pas être à la hauteur du voyage sur les crêtes rocheuses et asséchées jusqu'en bas de la rivière Wind ou si c'était parce qu'il aimait profondément la vieille maison. Mais il resta et s'efforça de prendre des dispositions pour l'approche de l'hiver. À proximité de la maison, il creusa ou élargit un trou de 1,80 mètres de diamètre et de 1,20 mètres de profondeur. Des infiltrations d'eau remplirent le trou par le fond et, à l'intérieur du trou maintenant rempli d'eau, il empila un certain nombre de morceaux de trembles, une maigre réserve de nourriture pour l'hiver long et froid qui suivit. Un froid extrême arriva début novembre et il n'y eut aucun dégel avant avril.

Avant que le lit du lac ne fût recouvert de neige, on pouvait facilement voir et étudier les nombreux canaux et bassins que les castors avaient creusés. L'ampleur du travail que les castors avaient accompli pour faire ces canaux et bassins dépassait l'entendement. Je pris une série de photographies de ces creusements et fis de nombreuses mesures. Les castors avaient creusé une piscine au nord de la maison. La piscine faisait 90 centimètres de profondeur, 9 mètres de long et 6 mètres de large. Dans le prolongement de la piscine se trouvait un canal de 45 mètres de long. Le bassin dans lequel les réserves de nourriture étaient entreposées faisait 9 mètres de large et 1,20 mètres de profondeur. Le bassin était relié à la maison par un canal. Au fond du bassin se trouvait l'une des faibles sources qui alimentent le lac. Un autre canal partait de la maison en direction du nord et s'étendait sur 105 mètres de long, sur 90 centimètres à 1,20 mètres de large et sur 90 centimètres de profondeur. Le canal le plus grand faisait 230 mètres de long et 90 centimètres de profondeur. Il s'étendait vers l'est, puis vers le nord-est et, sur près de 30 mètres, il mesurait 1,50 mètres de large. Sur les 200 mètres restants, il faisait entre 90 centimètres et 1,20 mètres de large. Un certain nombre de canaux et de fossés plus petits étaient reliés à de plus grands et, ensemble, l'étendue de tout le système donnait un spectacle impressionnant dans le lac vide.

Pendant ce temps, le vieux castor passa un hiver difficile. Le temps froid persista et, finalement, le trou dans lequel il avait déposé ses réserves de nourriture gela jusqu'au fond. Même les entrées dans la maison étaient bouchées par le gel. Le gel l'emprisonna à l'intérieur de la maison. Le vieux castor, dont les dents étaient usées et dont les griffes étaient en mauvais état, essaya apparemment en vain de sortir. En retournant après trois mois d'absence, deux amis et moi cherchâmes à connaître l'état du vieux castor. On fit un trou dans les murs gelés de la maison et rampa à l'intérieur. Le vieux castor était toujours en vie, quoique grandement émacié. Pendant un temps – je ne sais pas combien de temps – il avait survécu en mangeant du bois et l'écorce de bâtons tendres qui avaient servi de matériel de construction pour une extension de la maison durant l'automne. On coupa plusieurs trembles en petites longueurs et les lui jeta dans la maison. Le trou qu'on avait fait s'était alors refermé par le gel. Le vieux castor accepta tout heureux les morceaux de trembles. Pendant six semaines, on lui jeta occasionnellement des trembles et, à la fin des six semaines, la chaleur du printemps avait réchauffé l'épaisse couche de neige. L'eau s'éleva, remplit le lac puis fit fondre la glace qui bloquait l'entrée de la maison et le vieux castor put sortir dans l'eau. L'été qui suivit, il fut rejoint par un certain nombre de nouveaux castors ou peut-être étaient-ce des castors qu'il connaissait déjà.

Dans de nombreuses régions, les canaux et les fossés que les castors creusent et utilisent sont leurs ouvrages les plus indispensables et les plus grands. Ces canaux nécessitent énormément de travail et beaucoup de talent. Un fait remarquable : les castors excellent même dans la construction des maisons et des barrages. Il est incroyable que parmi les milliers d'histoires sur le castor, seules quelques-unes mentionnent les canaux de castors. Les canaux sont des améliorations qui leur font gagner du temps et leur permettent non seulement de vivre facilement et en sécurité dans des lieux où ils ne pourraient autrement pas vivre du tout mais aussi de vivre agréablement. Quand ils creusent des canaux, les castors se servent des matières déterrées pour la construction de la maison ou du barrage, les rendant ainsi utiles. Les castors construisent non seulement une maison qui ressemble à un monticule de matières mais ils utilisent aussi le bassin qu'ils ont creusé pour prendre les matières terreuses pour la maison en vue d'y déposer leur réserve de nourriture pour l'hiver. Ils construisent aussi souvent le barrage en empilant les matières déterrées qu'ils ont obtenues en creusant un canal qui longe le barrage, ce qui leur est utile comme voie navigable en eau profonde après que le barrage est achevé.

En transportant des arbres pour la réserve de nourriture, le transport sur l'eau est beaucoup plus facile et plus sécurisé que sur terre, si bien que n'importe où autour de l'étang où la rive et la terre extérieure sont au même niveau, le castor s'efforce d'y amener l'eau jusqu'aux arbres en creusant un canal partant du bord de l'étang jusqu'aux arbres. Les arbres abattus sont au moyen de ce canal facilement flottés jusqu'à l'étang. L'une des formes les plus simples d'un canal de castors est un prolongement étroit de l'étang qui part vers les arbres. Les canaux varient en longueur de quelques mètres à trente mètres ou plus.

Une autre forme relativement courante du canal de castors est d'en construire un qui traverse d'étroites bandes de terre qui se jettent dans de larges étangs de castors ou d'en construire un qui traverse de petites bandes de terre autour desquelles des sources d'eau tortueuses circulent.

La majorité des étangs de castors sont relativement peu profonds sur la plus grande partie de leur étendue. Dans de nombreux cas, il n'est pas facile, voire impossible, de les rendre plus profonds. Les étangs peuvent être si superficiels qu'ils gèlent jusqu'au fond en hiver à part la petite partie la plus profonde. C'est pourquoi les castors creusent des canaux au fond des étangs afin de les rendre plus praticables. Les canaux creusés au fond des étangs assurent des voies d'eau profonde en toutes circonstances. La plupart des étangs de castors ont un canal qui longe de près et parallèlement le barrage. Dans certains cas, le canal est prolongé autour de l'étang de quelques mètres dans la rive. Deux canaux partent généralement de la maison. L'un d'eux est relié au canal près du barrage, l'autre part en direction de la rive à l'endroit le plus visité par les castors (généralement à la fin d'une piste ou d'un toboggan).

Dans la vallée Jefferson dans le Montana, pas loin de Three Forks, je m'amusai à étudier les nombreux ouvrages de castors. Je pris des mesures du système de canaux de castors le plus intéressant que j'eusse jamais vu. La maison de castors était située sur la rive sud de la rivière, à environ 90 centimètres au-dessus du niveau de l'eau en été et à environ 60 mètres de la bordure montagneuse de la vallée. Les castors avaient creusé à partir de la rivière un canal en forme de croissant d'environ 10 mètres de long qui faisait à moitié le tour de la fondation de la maison. Ils avaient relié un bassin pour la nourriture d'hiver au canal, le bassin faisait 1,50 mètres de profondeur et 10 mètres de diamètre. Du bassin, un canal s'étendait vers le sud sur 63 mètres. À 33 mètres de distance de la maison se trouvait un bloc rocheux d'environ 3 mètres de diamètre. Il était enfoncé dans 60 centimètres de terre. Le canal contournait ce bloc rocheux puis continuait en ligne relativement droite vers le sud.

Sur la plus grande partie de sa longueur, ce canal faisait 1,20 mètres de large et à aucun endroit, il n'était plus petit que 90 centimètres de large. Sa profondeur moyenne était de 71 centimètres. Sur 44 mètres, il parcourait la vallée sur une terre nivelée et des infiltrations d'eau le remplissaient par le fond. Un barrage semi-circulaire de petite hauteur et d'environ 15 mètres de long traversait le canal à l'endroit où celui-ci avait parcouru ses 44 mètres et servait à amener l'eau à l'intérieur du canal. Le barrage agissait aussi comme un mur en travers du canal pour retenir l'eau. Les 18 mètres les plus au sud de ce canal, au bord des contreforts, partaient en montant et faisaient environ 1,20 mètres de profondeur à la fin du canal et étaient plus hauts de 1,20 mètres que le début du canal près de la maison. Le barrage en travers du canal était complété par un mur, 14 mètres plus loin. Ce mur était simplement un petit barrage mis en travers du canal à un endroit où le canal était en pente, et son but était clairement de retenir l'eau dans le canal. La partie montante du canal était alimentée en eau par un petit ruisseau qui dévalait la pente. Apparemment ce canal était vieux puisqu'un épicéa dont le tronc faisait déjà 10 centimètres de diamètre y poussait au bord près de la maison depuis qu'il avait été construit.

Les murs ou les petits barrages que les castors construisent en travers des canaux en pente représentent une étape intéressante du développement des castors. Il est évident que ces murs sont construits dans le but de retenir l'eau dans le canal. Ces murs sont davantage présents en grand nombre dans les canaux qui sont les plus en pente et ils sont rarement éloignés de moins de six mètres les uns des autres. Je n'ai jamais vu de mur mis en travers d'un canal creusé sur un terrain quasi plat ou sans dénivelé, sauf quand il était là dans le but d'élever le niveau de l'eau. Ce mur ou contrefort n'est après tout qu'un barrage et, comme la plupart des barrages, il est construit dans le but d'élever et maintenir le niveau de l'eau.

S'étendant perpendiculairement vers l'ouest en partant de la fin du vieux canal se trouvait un nouveau canal de 67 mètres. Un mur séparait et unissait les deux canaux. Ce nouveau canal à peu près nivelé contournait sur 49 mètres une colline. Puis venait un mur et, à partir de ce mur, les derniers 18 mètres du nouveau canal montaient un ravin peu profond vers le sud. Sur cette partie de 18 mètres, il y avait deux murs. La sortie du nouveau canal était 2,70 mètres plus haute que la maison et à une distance de 130 mètres de celle-ci. L'extension de 67 mètres allait de 65 à 85 centimètres de large sur une moyenne de 55 centimètres de profondeur. La totalité du nouveau canal était alimentée par une source d'eau que les castors avaient déviée d'un ravin à l'ouest et amenée jusque-là par un fossé de 21 mètres de long à la fin du canal. À 9 mètres de la fin du canal se trouvaient deux terriers, des abris sûrs dans lesquels les castors se retiraient en cas d'attaque soudaine par des loups ou d'autres prédateurs. Il y avait deux autres terriers, un à la fin du vieux canal et l'autre près du bloc rocheux à 33 mètres de la maison.

À l'époque où je vis ces canaux, les seuls arbres à proximité étaient ceux d'un petit bois de trembles qui entouraient la fin du système de canaux. C'était l'automne et les castors coupèrent les trembles sur les deux pentes tributaires à la fin du canal, les traînèrent puis les roulèrent jusqu'en bas de ces pentes au bout du canal. Les castors firent flotter les trembles dans l'eau du canal, les tirèrent par-dessus les murs et les empilèrent enfin pour les réserves de nourriture pour l'hiver dans le bassin près de la maison. Selon toute probabilité, ce canal long et large avait été construit quelques mètres à la fois puis prolongé au fur et à mesure que les arbres à proximité étaient coupés puis récoltés.

Là où les castors habitent longtemps une région, il n'est pas rare qu'ils aient deux ou trois sentiers distincts qu'ils utilisent partant du bord de l'eau jusqu'aux bois avoisinants. Ces sentiers sont des pistes appelées coulées que les castors empruntent régulièrement quand ils sortent de l'eau et vont jusqu'aux arbres à couper. Ils empruntent les mêmes pistes pour retourner à l'eau ou traîner les arbres coupés jusque dans l'eau. Les castors empruntent aussi des pentes rendues glissantes par l'écoulement de l'eau ou la boue qu'on appelle toboggans. On retrouve aussi ces toboggans sur les barrages là où les castors passent fréquemment quand ils sortent de l'eau et reviennent. En général, les pistes empruntées par les castors sont au fond des ravins afin d'éviter les crêtes et les couloirs exposés à de forts vents ; les troncs y sont coupés puis roulés ou un tunnel passe en dessous ; les castors retirent les obstacles ou construisent une voie pour les contourner. Leurs pistes pour transporter le bois sont plutôt bien comparables aux routes de transport empruntées par les forestiers qui coupent le bois avec de l'acier plutôt qu'avec l'émail des dents.

Dans la plupart des vieilles colonies de castors, quand la nature du fond d'un étang le permet, on trouve deux tunnels ou plus, comme des voies souterraines, creusés au fond de l'étang principal. Le tunnel principal part de la fondation de la maison et pénètre dans le fond de l'étang sur 30 centimètres ou plus et va jusque sous la rive à quelques mètres de l'étang. S'il y a un certain nombre de petits étangs dans une colonie qui sont séparés par des bandes de terre, il n'est pas rare que les castors creusent des tunnels pour pouvoir circuler. Ces tunnels qui traversent les différentes bandes de terre permettent aux castors d'aller d'un étang à un autre sans s'exposer aux dangers sur la terre et offrent aussi un moyen facile d'intercommunication entre les étangs quand ceux-ci sont recouverts de glace. Ces voies souterraines d'étang offrent aussi un endroit où se réfugier ou un moyen de s'échapper si la maison est détruite, le barrage cassé, l'étang drainé ou asséché ou si l'étang gèle jusqu'au fond. En général, ces voies souterraines sont remplies d'eau mais certaines sont vides. Sur la rivière Missouri et sur d'autres rivières, où plusieurs mètres de bandes de terre s'étendent à la surface de l'eau, les castors creusent en général un tunnel en pente, fortement incliné, en partant du bord de la rivière jusqu'en haut d'une bande de terre à quelques mètres de la rive.

La plupart de ces tunnels et canaux souterrains restent cachés et méconnus. Un exemple frappant se trouve dans la colonie de l'Épicéa décrite plus haut. Ces colonisateurs, apparemment dégoûtés d'avoir leurs étangs complètement remplis de sédiments amenés par de fortes rafales de pluie, abandonnèrent leur ancien site de colonie. Ils choisirent un nouveau site sur une moraine, à courte distance seulement de l'ancien site. Ici dans la terre, ils creusèrent un bassin et construisirent un barrage à partir des matières qui avaient été déterrées pour creuser le bassin. Les eaux d'une source qui jaillissaient dans la moraine, à environ 180 mètres sur une pente et 30 mètres plus haut, ruisselèrent en bas et formèrent en temps voulu un étang dans le bassin. L'année suivante, les castors agrandirent cet étang et en construisirent un autre plus haut sur une terrasse à 30 mètres sur la pente. D'années en années, les castors élargirent le vieil étang et construisirent de nouveaux étangs plus petits jusqu'à ce qu'il y en eût sept sur les terrasses de cette moraine. Ces étangs reliés par les toboggans et les canaux nécessitaient plus d'eau que la source ne pouvait donner, en particulier en automne quand les castors faisaient flotter leurs arbres coupés pour leur réserve d'hiver d'étang en étang. À l'intérieur de la colonie aussi, de nombreux passages sous terre – des tunnels souterrains – étaient remplis d'eau. L'un d'eux s'étendait sous terre sur plus de 60 mètres jusqu'à un bois de saules.

En regardant les activités d'automne de la colonie de l'Épicéa, je plongeai ma jambe dans un tunnel souterrain à moitié rempli d'eau. Me donnant beaucoup de mal pour retrouver où cette eau allait en bas, je découvris que l'eau du tunnel se déversait avec les eaux d'une petite source dans les étangs les plus hauts de la colonie. Puis, retrouvant la trace du tunnel en amont, je découvris qu'à environ 42 mètres de l'étang le plus haut, il était relié aux eaux d'un ruisseau sur lequel la vieille colonie avait anciennement un site. Sur la plus grande partie de son trajet, ce tunnel était à environ 60 centimètres sous terre, faisait 35 centimètres de diamètre et passait sous les racines des épicéas. Les castors utilisaient clairement l'eau que le tunnel apportait du ruisseau pour augmenter l'alimentation en eau des canaux, étangs et piscines de la colonie de l'Épicéa. La prise de cette eau se faisait dans l'étang minuscule que les castors avaient formé à l'aide d'un mini-barrage mis en travers du ruisseau. Augmenter ainsi les ressources en eau était clairement un grand bénéfice pour la colonie de l'Épicéa bien occupée et peuplée. Ce tunnel avait-il été planifié et réalisé spécialement dans ce but ou l'augmentation en alimentation d'eau était-elle le résultat d'un accident avec le ruisseau s'introduisant dans le tunnel souterrain ?

Les canaux que les castors creusent, les pentes glissantes et les toboggans qu'ils utilisent, les pistes qu'ils établissent, dégagent et débroussent, montrent définitivement que ces animaux comprennent l'importance d'avoir des voies de qualité dans l'eau et sur terre – en d'autres mots, des moyens de transport de qualité.

Castor transportant à la nage une branche dans l'eau

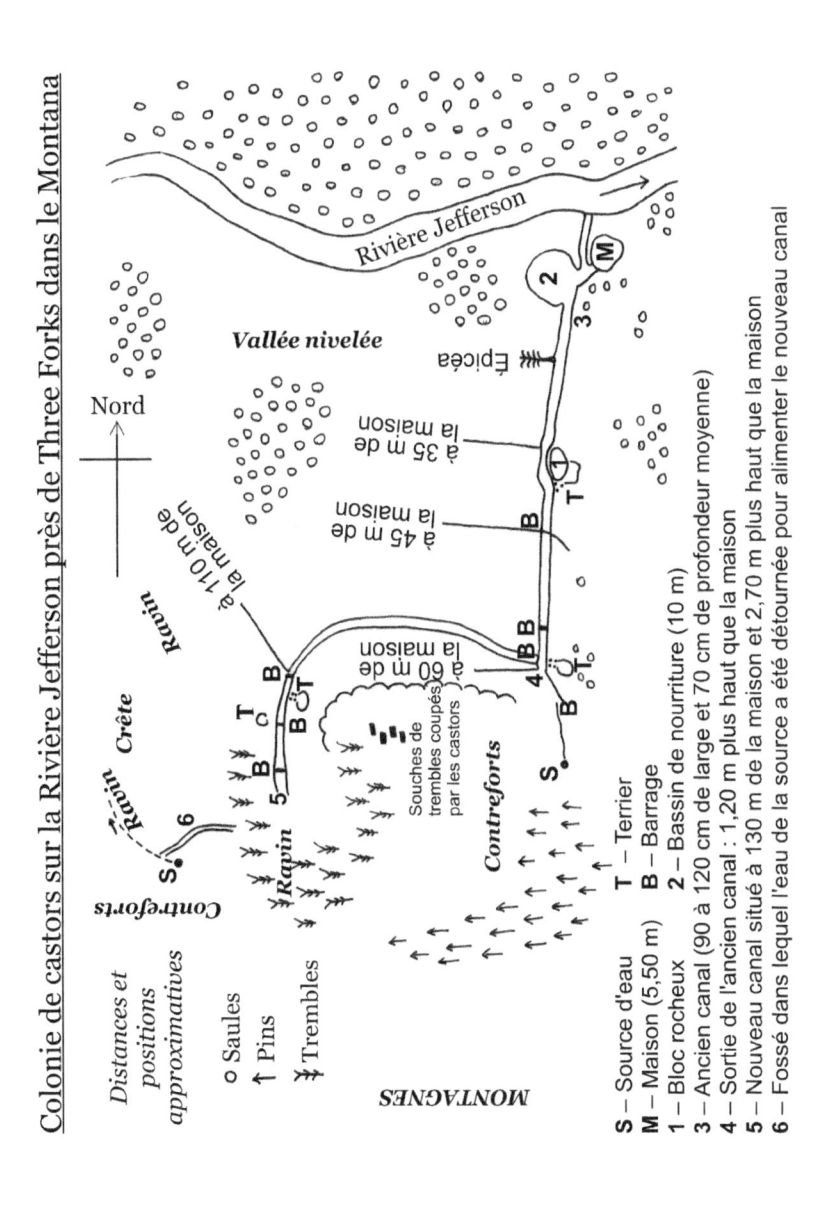

Colonie de castors sur la Rivière Jefferson près de Three Forks dans le Montana

Distances et positions approximatives

- ○ Saules
- ← Pins
- ⚶ Trembles

S – Source d'eau
M – Maison (5,50 m)
1 – Bloc rocheux
2 – Bassin de nourriture (10 m)
3 – Ancien canal (90 à 120 cm de large et 70 cm de profondeur moyenne)
4 – Sortie de l'ancien canal : 1,20 m plus haut que la maison
5 – Nouveau canal situé à 130 m de la maison et 2,70 m plus haut que la maison
6 – Fossé dans lequel l'eau de la source a été détournée pour alimenter le nouveau canal
T – Terrier
B – Barrage

Plan de la colonie de castors dans la vallée Jefferson

Chapitre 8
La maison primitive

La maison des castors sur le Lac Lily, dans laquelle le vieux castor passa un hiver difficile, était une chose large et à peu près ronde qui mesurait 6,70 mètres de diamètre. Elle s'élevait à seulement 1,20 mètres au-dessus du niveau normal d'eau. Les castors avaient modifié et agrandi cette maison trois fois et l'avaient élevée une fois en hauteur. Ils avaient lourdement renforcé les murs de boue de la maison avec des bâtons de bois placés aux jonctions des agrandissements. L'unique grande pièce à l'intérieur de la maison faisait plus de 3,60 mètres de diamètre et au milieu se tenait un support pour le haut de la maison. Ce support faisait environ 45 centimètres sur 75 centimètres et était composé en grande partie de bâtons. Mais seulement quelques maisons ont ce type de support ; en général la pièce est voûtée. La pièce en elle-même faisait en moyenne 75 centimètres de haut. Elle avait quatre entrées.

Une maison a en général deux entrées mais elle peut des fois en avoir seulement une ou même cinq : le passage de l'intérieur de la maison vers le monde extérieur se fait par un ou plusieurs passages inclinés comme des tunnels. Ces tunnels démarrent au fond de l'étang sous 90 centimètres d'eau, se prolongent en suivant un angle jusque dans la fondation de la maison et se terminent à l'intérieur de la maison au niveau du plancher à quelques centimètres au-dessus du niveau de l'eau. Ces tunnels font environ 30 centimètres de diamètre, sont longs de 1,20 mètres à 4,50 mètres et sont remplis d'eau presque jusqu'à hauteur du plancher de la maison. Cette hutte sombre et sans fenêtre n'a aucune autre entrée.

La plupart des maisons de castors se tiennent dans un étang, bien qu'un certain nombre soient construites sur la rive ou partiellement dans l'eau. D'autres se tiennent sur le bord de l'étang à quelques mètres de l'eau. L'apparence externe des maisons et leur construction interne sont généralement toutes les mêmes, indépendamment de l'endroit où elles sont situées ou de leur taille. La plupart des maisons de castors sont coniques. Elles sont en général légèrement elliptiques au-dessus de l'eau. Mesurés à la surface de l'eau, le diamètre des maisons varie de 1,50 mètres à 10 mètres et la hauteur des maisons au-dessus de l'eau va de 90 centimètres à 2,10 mètres.

Une maison peut être construite entièrement avec des bâtons ou alors avec quelques bâtons et une grande partie de boue et de mottes d'herbe. En construisant la maison, les castors laissent une petite ouverture ou construisent alors la maison autour d'une ouverture. Cette ouverture est ensuite agrandie en une pièce.

Les maisons qui sont construites dans un étang se tiennent habituellement dans 90 centimètres à 1,20 mètres d'eau. La fondation de la maison repose au fond de l'étang : c'est une masse solide qui part du fond de l'étang jusqu'à atteindre quelques centimètres au-dessus de la surface de l'eau. Les castors lui donnent la taille voulue. La fondation de la maison ressemble ainsi à une île et les castors la recouvrent ensuite d'une demi-sphère ou d'un dôme de matières brutes. Le haut de la fondation, à quelques centimètres au-dessus de l'eau, forme le sol de la pièce interne de la maison. La pièce interne est voûtée, basse et cloisonnée par les murs épais de la maison. Pour construire la maison, les castors placent un support temporaire pour maintenir les murs qui se réunissent en haut pour former le toit en pointe. Les castors réalisent ce support temporaire en empilant au milieu de la maison sur le plancher un monticule de terre haut de 60 centimètres. Les castors placent par-dessus ce monticule un tipi quelque peu aplati, une sorte de cadre de bâtons en forme de cône. Les bâtons se tiennent sur la fondation à l'extérieur de ce qui sera la pièce et se penchent vers l'intérieur où les bouts viennent s'appuyer sur le support temporaire et en haut du support. Les castors couvrent ensuite cette structure en bois avec une couche de 60 à 90 centimètres de boue, de broussailles et de mottes d'herbe et ils réalisent ainsi les murs et le toit de la maison. Quand la partie extérieure de la maison est achevée, ils creusent au fond de l'étang un tunnel qui remonte et traverse la fondation de la maison jusque dans la pièce interne où il y a le monticule de terre qui sert de support aux murs et au toit. Pour dégager la pièce et libérer de l'espace, ils griffent le support temporaire et rongent les bâtons qui empiètent dans la pièce. Ce type de maison est un des plus aboutis.

Dans la plupart des maisons, les castors n'utilisent pas de support temporaire au milieu de la pièce pour maintenir les murs et le toit. Les castors achèvent à la place une partie du mur, puis ils posent contre le mur des bâtons qui prennent appui sur la fondation de la maison. Les maisons de ce type ont une forme légèrement elliptique une fois achevées. Cependant, de nombreuses maisons ne sont qu'une pile brute et désordonnée de matières à l'intérieur de laquelle les castors ont creusé une pièce.

La pièce varie de 30 à 90 centimètres de haut et de 90 centimètres à 6 mètres de diamètre. C'est une sorte de terrier sans porte ni fenêtre. Des bâtons à moitié enterrés dans la fondation tiennent lieu de plancher relativement sec, en dépit du fait que le plancher soit seulement à quelques centimètres au-dessus du niveau de l'eau. Les castors dorment dans un nid au sol, habituellement avec la queue recourbée sur le côté, à la manière d'un chat somnolant. Les castors réalisent leur nid en bois avec patience en fendant et en coupant des petits morceaux de bois. Pourquoi au juste ce type de couchage est utilisé, personne ne peut le dire, mais c'est probablement parce que cette matière sèche plus rapidement, est plus confortable, plus hygiénique et abrite moins de parasites. Cependant, certains couchages peuvent être faits d'herbe, de feuilles ou de mousse.

Les castors utilisent peu de matières terreuses dans le sommet pointu de la maison pour permettre à de minuscules trous d'aération ici et là entre les bâtons entrelacés de laisser passer l'air et ainsi de ventiler et aérer la pièce.

À part dans les quelques cas où les murs de la maison sont envahis de saules ou d'herbe, le vent et l'eau érodent et affaiblissent rapidement les murs. C'est pourquoi les castors réparent fréquemment la maison. Chaque automne, ils enduisent la maison de boue ou empilent par-dessus des bâtons. L'enduit de boue varie en épaisseur de 5 à 15 centimètres. Les castors déterrent habituellement la boue utilisée pour couvrir la maison au fond de l'étang près de la fondation de la maison. Ils emportent la boue en haut, une double poignée à la fois, se dandinant sur leurs pattes arrière pendant qu'ils tiennent la boue contre leur poitrine avec leurs pattes avant. Une demi-douzaine de castors ou plus peuvent porter la boue en même temps. Cette couverture de boue épaissit non seulement les murs et augmente la chaleur de la maison, mais elle gèle aussi et devient une armure solide comme un roc inviolable pour la plupart des prédateurs du castor. Recouvrir la maison de boue fait partie des préparatifs naturels et nécessaires en vue de l'hiver. Cela peut aussi être une étape que les castors entreprennent délibérément pour se protéger. Le fait que de temps en temps une maison de castors aux murs épais ou recouverte d'herbe ne soit pas enduite de boue en automne – peut-être parce qu'elle n'en a pas besoin – a amené quelques personnes à affirmer que les maisons de castors ne sont pas recouvertes de boue en automne. De nombreuses années d'observation montrent que la plupart des maisons de castors reçoivent un enduit d'automne, et les quelques-unes qui ne reçoivent pas cette attention ont habituellement des murs épais et bien préservés et n'en ont pas besoin.

Un automne, dans le Montana, sur les vingt-sept maisons de castors que j'étudiais, vingt et unes reçurent un enduit de boue ; trois autres étaient très envahies de saules et deux autres étaient envahies d'herbe. Seule une maison aux murs fins qui avait besoin d'être renforcée ne reçut pas de boue et cette maison fut d'ailleurs visitée par un ours qui réussit à s'y introduire avant que l'hiver n'arrivât réellement.

À l'automne 1910, je consignai mes observations sur dix-huit maisons. Je les observai pendant octobre et novembre. Treize furent enduites ; une envahie par des saules et une envahie par des herbes sauvages qui avaient toutes les deux des murs épais ne furent pas enduites. Les trois restantes n'avaient pas grandement besoin d'épaisseur supplémentaire, les castors les recouvrirent donc de quelques bâtons. Deux de ces trois maisons furent visitées par des animaux pendant l'hiver tandis qu'aucune des autres maisons ne fut dérangée.

Les castors font preuve d'un bon discernement sur le choix

important du site de la maison. La glace et les sédiments sont deux facteurs auxquels les castors doivent constamment faire face. Dans l'étang, la maison est généralement placée dans une eau profonde et visiblement à un endroit où la profondeur autour de la maison ne sera pas rapidement réduite par le dépôt de sédiments. Empêcher l'entrée de la maison, la pile de nourriture dans le bassin et les canaux de se remplir de sédiments est l'un des problèmes difficiles de la vie d'un castor.

Pour se prémunir contre l'invasion rapide de dépôts sédimentaires, un groupe de castors apparemment prévoyants construisirent un barrage qui forma un étang à partir des eaux d'une petite source qui amenait peu ou pas de sédiments. J'ai remarqué un certain nombre de cas dans lesquels les castors créent un étang sur un petit cours d'eau, ce qui leur demande beaucoup plus d'effort et de travail qu'il n'en aurait fallu pour former un étang dans un ruisseau à proximité. Comme il y avait également d'autres conditions favorables à l'utilisation du ruisseau pour la maison, la seule explication à laquelle je pus parvenir est que le choix du site de la colonie se faisait avec l'intention d'éviter l'invasion de sédiments car, dans certains étangs de castors, la couche de sédiments qui se dépose atteint annuellement une épaisseur de plusieurs centimètres.

La glace est l'un des nombreux problèmes de l'existence d'un castor. Il est primordial que les castors aient leur maison située de telle sorte que la glace de l'hiver ne bloque pas l'entrée de la maison et que l'eau profonde dans laquelle ils déposent leur pile de provisions fraîches ne gèle pas et donc ne les prive pas de leur réserve de nourriture. La glace remplit l'étang à partir du haut et oblige les castors à être constamment vigilants pour s'épargner de son intrusion. De nombreuses maisons de castors sont construites le long d'une source d'eau autour de laquelle les castors creusent un trou profond et y déposent la pile de nourriture pour l'hiver. Le flux continu de cette eau de source empêche la glace de se former, à la fois autour de la pile de nourriture et entre la pile de nourriture et l'entrée de la maison.

Un grand nombre de castors ne possèdent pas de maison. Les castors qui vivent sans barrage ou sans étang ne construisent généralement pas de maison mais se satisfont d'un ou plusieurs terriers au bord de l'eau qu'ils habitent. Dans la lutte extrême pour la survie, les castors ont tendance à éviter de construire des maisons et des barrages puisque ceux-ci révèlent leur présence et mettent le trappeur agressif sur leur piste.

Beaucoup de colonies ont à la fois des maisons et des terriers. Les castors utilisent apparemment les maisons pendant l'hiver et les terriers pendant l'été. Un terrier de castors que j'ai étudié était à environ 30 centimètres au-dessus du niveau de l'étang et à 3,60 mètres de l'étang sur la rive. L'entrée dans le terrier se faisait par des tunnels de 4,80 mètres de long qui allaient du terrier à l'étang. L'entrée au niveau de l'étang se faisait à 90 centimètres sous l'eau près du bord de l'étang. Le terrier mesurait 1,60 mètres de long, 80 centimètres de large et 43 centimètres de haut. Il se trouvait directement sous les racines étendues d'un épicéa d'Engelmann. La majorité des terriers de castors font environ deux tiers de la taille de celui-ci.

Un jour de novembre, j'étudiai plus d'une vingtaine de colonies de castors. Il n'y avait pas de neige mais le froid récent avait recouvert l'étang de glace et solidifié les environs boueux. Je pus facilement marcher sur la surface gelée de l'étang et fis de nombreuses mesures. L'une de ces colonies était assez typique. Elle était sur un cours d'eau rapide qui arrivait des hauteurs enneigées à cinq kilomètres de distance. Les sommets du pic Longs et du mont Meeker avaient une vue plongeante sur les lieux. L'altitude de cette colonie était d'environ 2740 mètres. Les étangs étaient en partie entourés de saules sur des plaines à demi marécageuses, avec çà et là un point élevé ou des trembles sur la rive. Quelques énormes blocs de roche dépassaient de l'eau. Tout autour se dressait une forêt grande et sombre de pins tordus. Ces derniers recouvraient le flanc de la montagne où ils étaient après remplacés par la croissance d'épicéas d'Engelmann jusqu'à la limite des arbres[16].

---

16 NdT : la limite des arbres représente la limite d'une zone au-delà de laquelle les arbres ne poussent plus à cause des conditions environnementales.

Cette colonie avait un certain nombre d'étangs avec quelques petits canaux qui s'étendaient des étangs vers la terre. Une maison en forme de cône, couverte de boue et bâtons, se tenait dans l'étang le plus grand. Au-dessus de cet étang se trouvaient une demi-douzaine d'étangs plus petits, le plus élevé étant formé en travers d'un ruisseau par un barrage demi-circulaire. L'eau passait par-dessus le barrage, sur la gauche et sur la droite, et partait dans les étangs plus bas qui retenaient une partie de l'eau ; ces derniers en retour débordaient d'eau. L'eau qui s'échappait alors des étangs traversait deux autres étangs, l'un en dessous de l'autre, juste au-dessus de l'étang principal. En bas de l'étang principal se trouvaient trois autres plus petits étangs très rapprochés les uns des autres. Le barrage de chaque étang retenait l'eau contre le barrage du dessus.

Le barrage de l'étang principal faisait 70 mètres de long. Chaque extrémité du barrage était inclinée vers le haut avec un angle aigu et s'étendait sur plusieurs mètres en amont. Le barrage mesurait 1,50 mètres à son point le plus haut mais il mesurait à peine plus de 90 centimètres de haut sur la plus grande partie. La partie centrale du barrage semblait vieille et était envahie de carex et de saules ; mais les extrémités paraissaient neuves et avaient probablement été ajoutées il y a quelques semaines. Le barrage entier était formé de terre et de bâtons. L'étang formé par ce barrage faisait 55 mètres de large et avait une longueur moyenne en amont et en aval de 33 mètres. L'étang avait seulement une profondeur moyenne de 60 centimètres.

La maison des castors se tenait au milieu de l'étang principal, un tout petit peu plus près du barrage que du bord supérieur de l'étang. Je pris les mesures de la maison sur l'eau – ou plutôt au niveau de la glace. Il fallut 8 mètres de corde pour y parvenir. Le dessus de la maison s'élevait exactement à 1,50 mètres au-dessus de la glace. La maison était construite avec un mélange de mottes d'herbe et de bâtons de saule. Des bouts de bâtons se frayaient ici et là un chemin dans la couverture de boue de 7 à 10 centimètres d'épaisseur que la maison avait récemment reçue. Me demandant quelle proportion de la maison était dans l'eau sous le niveau de la glace, je considérai prendre des mesures de la profondeur en jetant un bâton à travers la glace pour toucher le fond. Le tenant en position droite, je l'élevai dans les airs puis l'abaissai de toutes mes forces. Le bâton brisa la glace et je tombai à l'eau. L'eau faisait 90 centimètres de profondeur mais seulement au niveau d'une petite zone autour de la maison où les castors maintenaient cette profondeur en creusant fréquemment. La maison est souvent enduite avec ces matières déterrées. La maison, de son point de fondation au fond de l'étang jusqu'au sommet conique, faisait au total 2,40 mètres de haut. La fondation de cette maison était faite de mottes d'herbe, d'amas de racines d'herbe et d'un peu de boue que les castors avaient renforcée et épaissie avec de nombreux bâtons de saule. Le plancher était fait principalement de bâtons. Comme les tunnels d'entrée étaient remplis d'eau jusqu'à 7 centimètres en dessous du plancher de la maison et comme ces tunnels étaient les seules entrées de la maison, ami ou ennemi pouvait entrer dans la maison uniquement par le bas, au fond de l'étang, en montant par l'un ou l'autre de ces tunnels remplis d'eau.

L'unique pièce circulaire comme un dôme de la maison faisait 1,30 mètres de diamètre et environ 60 centimètres de haut. Son plafond était grossièrement formé par un entrelacement confus de bâtons mis en biais. Les castors avaient comblé les espaces entre les bâtons avec de la boue agglomérée à des racines. Les murs faisaient juste un peu plus de 60 centimètres d'épaisseur sauf autour du sommet conique où se trouvait une petite partie dont l'épaisseur faisait 30 centimètres au lieu de 60 centimètres et était principalement constituée de bâtons entrelacés ensemble. Comme très peu de boue avait été utilisée sur cette partie, les castors avaient donc laissé des trous pour l'aération de la maison. En m'approchant du sommet conique de la maison, je pouvais voir s'élever de ces trous la vapeur odorante de la respiration de ses habitants castors à l'intérieur. Comme la ventilation de l'air à l'intérieur des maisons de castors est extrêmement faible et comme les castors ne souffrent probablement pas de tuberculose, il est possible que ces trous d'aération au sommet aident à ventiler l'air de la maison et qu'une partie de l'air impur soit aussi absorbée par l'eau qui monte presque jusqu'au plancher de la maison par le biais des tunnels qui servent à entrer et sortir de la maison.

Les premiers trappeurs remarquèrent de temps en temps un mouvement général de grande ampleur chez les castors, comme une sorte d'émigration lors de laquelle les castors parcouraient une distance immense. Les castors, tout comme les émigrants humains, cherchaient probablement un meilleur refuge ou une maison plus sûre. Certaines de ces migrations se faisaient en amont, d'autres en aval ; habituellement loin de la civilisation, mais de temps en temps vers la civilisation. Pour cela, la rivière Missouri était la plus grande autoroute. Des émigrations limitées de ce type se produisent toujours de temps en temps.

La migration annuelle est un sujet différent. On l'observe depuis à peu près 150 ans et elle a probablement lieu depuis des siècles. On pourrait appeler cette migration particulière un voyage migratoire. Tous les membres de la colonie semblent prendre part à cette migration. Ils quittent la maison en juin et se dispersent à mesure que la saison avance. Ils voyagent en amont ou en aval d'un cours d'eau, visitent d'autres colonies de castors, font de brefs séjours près des lacs, ont des aventures sur de petits ruisseaux et font des voyages audacieux par portage. Ils explorent la région. Les dangers et les restrictions imposées durant les dernières vingt-cinq années semblent dans certaines régions avoir enrayé ce mouvement migratoire et dans d'autres l'avoir complètement arrêté. Mais dans la plupart des colonies, ces déplacements se produisent toujours, bien qu'ils ne soient probablement pas appréciés des mères et des petits en général sauf dans un rayon bien limité.

Au premier septembre, tous sont retournés à la maison ou ont rejoint une autre colonie ou se sont rassemblés à un endroit où une nouvelle colonie est sur le point d'être fondée. Ces vacances annuelles maintiennent probablement la santé des castors colonisateurs ; ils s'éloignent des parasites et de l'air vicié de leurs maisons. Ce voyage se fait simplement pour la simple joie d'en faire un. D'une manière incidente, cela amène les castors dans de nouveaux territoires et leur permet de découvrir des sites de colonie attractifs et le chemin pour y parvenir – des informations utiles au cas où les colonisateurs seraient forcés d'abandonner soudainement leur vieille maison.

Le castor est naturellement silencieux. Dans le silence, il devient intime avec les éléments et, pendant qu'il écoute, il entend et comprend toutes les sensations du monde et tous les mouvements qui l'entourent. C'est un maître dans la traduction des sons. Les sons le réveillent ou l'avertissent, le menacent ou le réjouissent et le bercent pour l'endormir.

Sur les frontières sauvages de sa maison, comme une forteresse sur une île, il s'assoit et dort en sécurité dans l'obscurité. En hiver, quand l'étang est pris dans la glace et qu'il ne peut sortir de l'eau, il ne peut pas voir à l'extérieur mais les divers sons continus qui pénètrent les murs épais et sans fenêtre de sa maison lui révèlent les conditions toujours changeantes de son environnement à l'extérieur. Il entend les cris du coyote et du couguar, l'appel de l'orignal, le rire sauvage et furtif du martin-pêcheur, la mélodie du merle et de nombreux échos vagues au loin. Il entend les douces vibrations des pas étouffés de ses ennemis ; et au-dessus de sa tête, les griffes menaçantes sur le toit de sa maison. L'eau coule continuellement et se déverse doucement par-dessus le barrage, débordant doucement sur la rive primitive de l'étang. Le tonnerre fracassant avertit de la tempête, les crues rugissent ; puis jour et nuit la rivière aux eaux calmes et claires coule. Le vent gronde entre les pins et l'arbre qui a perdu depuis longtemps ses feuilles se casse et tombe à terre avec fracas ! C'est le silence ! Près de la rivière, le long du passage dans les bois, d'innombrables brises murmurent et s'interrompent près de la maison primitive dans l'eau.

Maison de castors au milieu de l'étang. On voit distinctement les bâtons, les branches et les murs de boue.

Maison de castors partiellement dans l'eau et partiellement sur la rive. On distingue peu les bâtons car les castors les ont recouverts d'un enduit de boue en vue de l'hiver.

Différents types d'habitat pour les castors

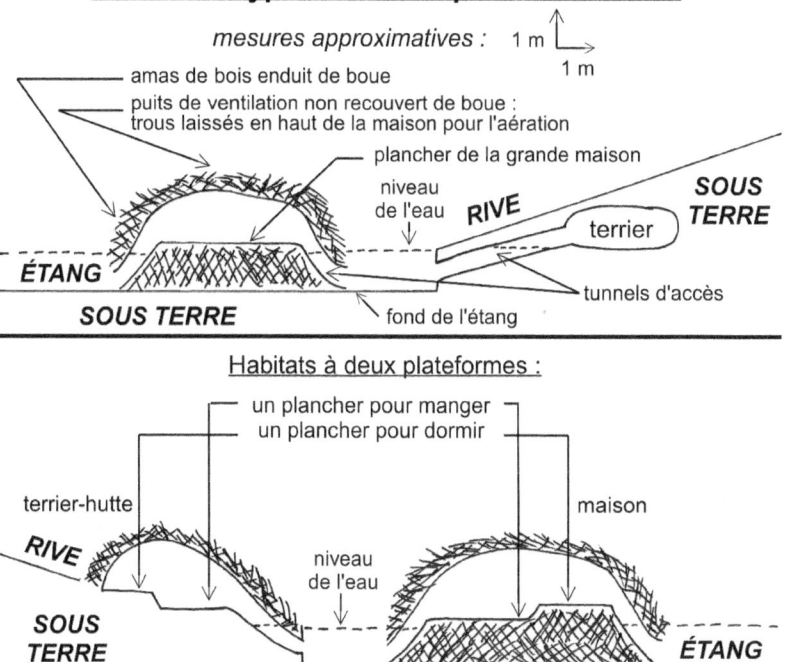

mesures approximatives : 1 m
1 m

- amas de bois enduit de boue
- puits de ventilation non recouvert de boue : trous laissés en haut de la maison pour l'aération
- plancher de la grande maison
- niveau de l'eau
- RIVE
- terrier
- SOUS TERRE
- ÉTANG
- SOUS TERRE
- fond de l'étang
- tunnels d'accès

Habitats à deux plateformes :

- un plancher pour manger
- un plancher pour dormir

terrier-hutte

RIVE

niveau de l'eau

maison

SOUS TERRE

ÉTANG

fond de l'étang

SOUS TERRE

Maisons simples :

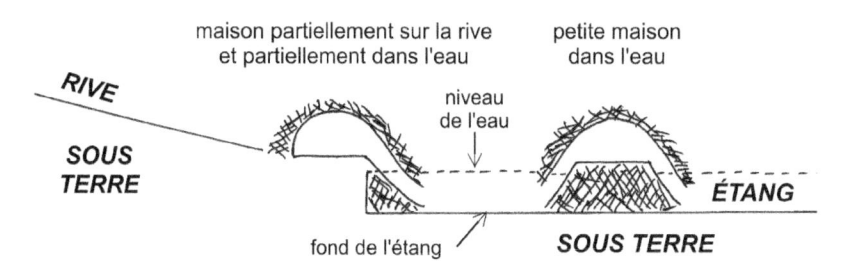

maison partiellement sur la rive et partiellement dans l'eau

petite maison dans l'eau

RIVE

niveau de l'eau

SOUS TERRE

ÉTANG

fond de l'étang

SOUS TERRE

Vue d'un étang de castors

SOUS TERRE

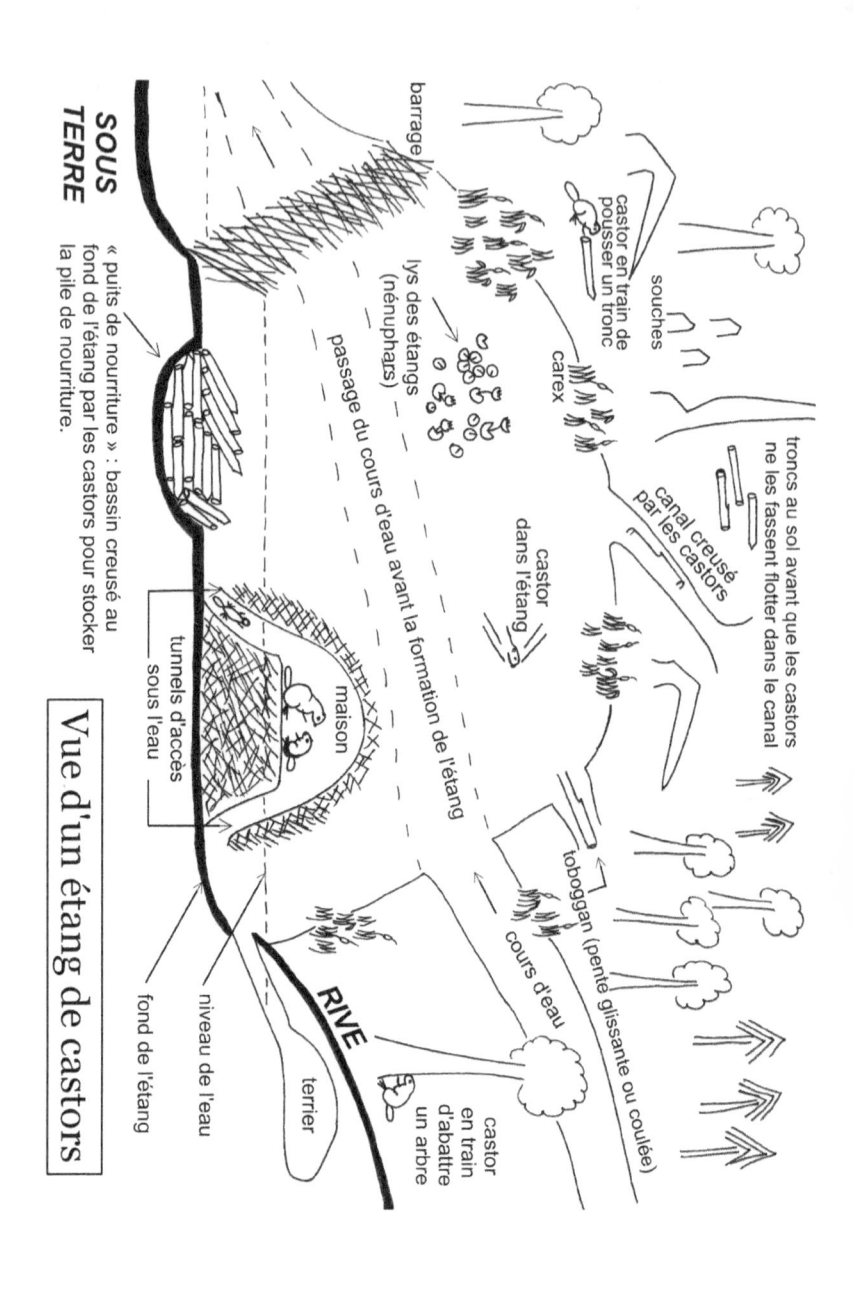

- barrage
- souches
- castor en train de pousser un tronc
- carex
- lys des étangs (nénuphars)
- passage du cours d'eau avant la formation de l'étang
- troncs au sol avant que les castors ne les fassent flotter dans le canal
- canal creusé par les castors
- castor dans l'étang
- toboggan (pente glissante ou coulée)
- cours d'eau
- castor en train d'abattre un arbre
- maison
- tunnels d'accès sous l'eau
- « puits de nourriture » : bassin creusé au fond de l'étang par les castors pour stocker la pile de nourriture.
- fond de l'étang
- niveau de l'eau
- **RIVE**
- terrier

90

Chapitre 9
L'ingénierie du castor

Réalisant que les ressources en trembles à proximité des eaux de la colonie de la Moraine à côté de chez moi étaient presque épuisées, je me demandai s'il serait possible que les castors se procurent des ressources suffisantes en aval du cours d'eau ou s'ils jugeraient plus approprié d'abandonner cette vieille colonie et de migrer.

Dans les plaines, où les peupliers sont rares, les castors coupent d'abord ceux près de la colonie, puis récoltent ceux en amont, parcourant des fois plus d'un kilomètre pour aller les chercher, puis ceux en aval ; mais ils rapportent rarement ceux qui sont situés à plus de 400 mètres en aval. Si des ennemis ou des prédateurs ne forçaient pas la population d'une colonie à rester ainsi située, c'était seulement une question de temps avant que la rareté des ressources alimentaires n'oblige les castors à soit se déplacer en aval, soit en amont et à recommencer dans un lieu où les arbres pour la nourriture pourraient être récoltés. Mais ils ne se déplaceront pas tant que la nécessité ne les y poussera pas.

Pas loin de ma maison dans les montagnes, les habitants castors de deux vieilles colonies endurèrent des conditions difficiles pour pouvoir rester chez eux. Une colonie, pour parvenir jusqu'à un petit bois de trembles, creusa un canal de 101 mètres qui avait une profondeur moyenne de 38 centimètres et une largeur de 66 centimètres. Le canal terminait sa course dans un bois de trembles qui furent en temps voulu coupés puis flottés dans ce canal jusque dans l'étang, le long de la maison des castors. L'autre colonie endura des dangers et des conditions encore plus dures.

Durant l'été 1900, un grand feu de forêt sur la pente nord du pic Longs causa de grandes difficultés pour les colonies de castors établies sur les cours d'eau dans la zone où le feu se propagea. Ce feu détruisit tous les trembles et certains des saules. Pour avoir de la nourriture en attendant que de nouveaux trembles poussent, les castors d'une colonie sur la

Moraine de Bierstadt furent obligés de prendre leurs provisions de trembles pour l'hiver dans un bois isolé qui avait réchappé au feu et de les transporter sur une distance de 400 mètres. Ce bois isolé se tenait sur le banc de la moraine à une altitude environ 15 mètres plus haute que celle de l'étang des castors. Les trembles de ce bois furent traînés sur 60 mètres, puis flottés sur un point d'eau et, à partir de là, amenés en haut de la pente abrupte d'une crête, puis descendus à 30 mètres de l'étang. Entre cet endroit et l'étang se trouvait une vaste quantité d'épicéas brûlés et couchés au sol. Couper ces troncs calcinés pour dégager un passage nécessitait un travail plus important que ce que les castors pouvaient réaliser. Alors avec beaucoup d'efforts, ils creusèrent un canal sous ce grand tas de troncs renversés pêle-mêle et ce fut par ce canal que les trembles récoltés furent traînés sous les gigantesques arbres tombés puis empilés dans l'étang pour la réserve de nourriture pour l'hiver. Rassembler les trembles coupés avait dû être une tâche presque sans espoir pour les castors. En allant si loin de l'eau, de nombreux castors qui récoltaient les arbres étaient à découvert face aux prédateurs et il est probable que de nombreux castors perdirent la vie.

Les castors s'attachent énormément aux régions où ils habitent et ils s'attachent tout particulièrement à leur maison. Il est difficile de les y en chasser, mais l'épuisement des ressources alimentaires oblige des fois une colonie entière à abandonner le site de leur vieille maison, à migrer et à fonder une nouvelle colonie. Certains des ouvrages d'ingénierie des castors les plus audacieux sont réalisés dans le but de maintenir les ressources alimentaires de la colonie. Il arrive de temps en temps que les arbres pour la nourriture près de l'eau à proximité d'une vieille colonie se fassent rares à cause des coupes abusives, des feux ou des maladies d'arbres. Dans ces cas-là, les colonisateurs doivent parcourir une longue distance pour trouver leurs ressources alimentaires ou alors se déplacer. Ils préfèrent rester où ils sont et travailleront pendant des semaines et braveront les dangers pour être capables de rester. Ils construiront un barrage, creuseront un nouveau canal, dégageront un passage difficile d'accès vers un bois de jeunes arbres pour la nourriture puis traîneront leur récolte sur une longue distance jusqu'à l'eau ; et parfois ils font tout ça juste pour une récolte de plus, une année de plus à rester dans leur vieille maison.

La colonie de la Moraine a perdu sa grandeur d'autrefois. Au lieu de plusieurs étangs et de huit maisons qui avaient constitué la colonie vingt ans plus tôt, seuls une maison et un étang restaient. La maison se tenait dans l'eau profonde de l'étang à environ six mètres au-delà du barrage. Un ruisseau aux eaux rapides, qui venait du lac Chasm situé 900 mètres plus haut, passait dans l'étang et se déversait par-dessus le barrage à côté de la maison. La colonie était sur le delta d'une moraine. Elle avait été établie ici depuis des générations. Elle était entourée d'une forêt de jeunes pins et il y avait des zones inégales de saules autour. Un feu et une coupe abusive par les castors avaient laissé seulement quelques trembles près de l'eau. Ces trembles ne pouvaient pas fournir de la nourriture pour plus de deux récoltes, et peut-être seulement pour une. D'autres colonies avaient rencontré des situations similaires. Comment la colonie de la Moraine gérerait-elle la situation dans laquelle elle se trouvait ?

Les colonisateurs de la Moraine maîtrisèrent la situation chez eux avec l'ouvrage le plus audacieux que j'aie jamais vu des castors planifier et accomplir. À environ 40 mètres au sud du vieil étang se trouvait un petit bois de trembles. Entre ces trembles et l'étang se trouvait un petit terrain plat et rocheux où étaient clairsemés ici et là des épicéas morts ou encore debout et de jeunes pins tordus. Plusieurs épicéas étaient tombés au sol et gisaient cassés entre les roches partiellement exposées de ce terrain plat. Un jour, je fus surpris de découvrir que les castors construisaient un barrage sur ce terrain plat et encore plus surpris de découvrir que ce barrage était constitué de sections d'arbres calcinés très lourdes à porter pour les castors. Seulement sous la nécessité les castors mangeraient du bois mort ; et alors seulement dans une certaine limite. Ainsi avaient été mes observations pendant des années ; mais voilà qu'ici ils coupaient des troncs morts et durcis par le feu en masse. Pourquoi coupaient-ils du bois mort et pourquoi faire un barrage sur ce terrain rocheux, un endroit où l'eau ne coulait jamais ? Un barrage de bois mort sur un terrain sec, c'était vraiment quelque chose de stupide à faire pour un animal – mais les castors savaient ce qu'ils faisaient. Après avoir observé leurs activités et le progrès du barrage tous les jours pendant un mois, je réalisai qu'ils faisaient ce travail avec l'intention de développer et de se procurer des ressources alimentaires. Ils achevèrent alors un barrage de bois mort.

Au moins deux accidents arrivèrent aux castors qui construisirent ce barrage de bois mort. L'un se produisit quand un arbre que les castors avaient rongé coinça le castor qui l'avait coupé. Le castor se retrouva écrasé entre l'arbre qui tomba et un autre arbre juste derrière lui. L'autre accident fut causé par un arbre qui tomba dans une direction inattendue. Cet arbre était penché sur un autre arbre qui était tombé et qui était maintenu par un rocher à plusieurs mètres au-dessus du sol. Quand l'arbre penché fut coupé, au lieu de tomber directement à terre, il glissa le long du tronc sur lequel il avait été penché et dévia sur le côté en tombant sur deux des castors bûcherons. Les deux castors furent tués sur le coup.

Une fois achevé, le barrage faisait 26 mètres de long. Il était à 15 mètres en dessous de l'étang principal et à 18 mètres de distance en partant du bord sud de l'étang principal. Quinze mètres du nouveau barrage parcouraient le nord et le sud, parallèlement à l'ancien barrage ; puis formant un angle droit, le nouveau barrage s'étendait sur 10 mètres vers l'est. Sa hauteur moyenne était de 90 centimètres et il était constitué presque entièrement de grosses sections de bois mort allant de 15 à 40 centimètres de diamètre, et de 60 centimètres à 3,60 mètres de long. Il ressemblait à une structure grossière constituée de bois mort jeté pêle-mêle.

Le jour que le barrage fut achevé, les castors déplacèrent le lieu de leurs activités jusqu'au ruisseau à quelques mètres de l'endroit où il sortait de l'étang principal. Ils placèrent ici un petit barrage en travers du ruisseau et commencèrent à creuser un canal dans lequel ils s'efforcèrent d'amener une partie des eaux du ruisseau jusque dans le réservoir que leur barrage de bois mort avait formé.

La terre gonfla et s'éleva légèrement d'environ 45 centimètres entre le réservoir et l'entrée d'eau du canal qui devait amener l'eau jusqu'au réservoir. Je suppose que les castors ne tinrent pas compte de ce renflement. De toute façon, ils finirent la moitié de la longueur du canal, puis découvrirent apparemment que l'eau ne circulerait pas dans la direction désirée. D'autres constructeurs de canal avaient fait des erreurs similaires. Les castors étaient presque humains. Cette partie du canal fut abandonnée et ils commencèrent à nouveau. Les castors essayaient apparemment maintenant de résoudre le renflement de la terre par un travail artificiel.

Ils réalisèrent un petit étang directement en bas de l'ancien étang en construisant un barrage en forme d'arc de 18 mètres dont les extrémités étaient rattachées à l'ancien barrage. Le ruisseau qui coulait dans l'ancien étang remplit rapidement ce nouvel étang étroit de 18 mètres de long. La sortie de cet étang fut faite par-dessus le barrage en forme d'arc à l'endroit le plus proche où le réservoir formé par le barrage de bois mort attendait de l'eau. L'eau, qui se déversait par-dessus la sortie du barrage en forme d'arc, ne s'écoula pas dans le réservoir qui attendait mais se déversa devant le renflement de terre par un côté. Au lieu de couler vers le sud, elle coulait vers l'est. Les castors y remédièrent et détournèrent l'eau en construisant un barrage partiellement dans l'eau qui s'étendait au sud, en partant du barrage en forme d'arc à l'endroit où l'eau se déversait trop. Ce terrassement faisait 4,50 mètres de long, 1,20 mètres de large et 60 centimètres de haut. L'eau circula alors par le côté le plus haut de ce terrassement et à la fin du terrassement, les castors creusèrent un canal jusqu'au réservoir.

À peu près la moitié du ruisseau fut détournée et cette quantité d'eau recouvrit le terrain plat et forma un étang dans le réservoir jusqu'à hauteur du barrage de bois mort en moins de trois jours. La plupart des fuites dans le barrage furent au début bouchées par des feuilles, des déchets et des sédiments apportés par l'eau mais les castors prirent soin de recouvrir de boue les fuites les plus grandes. Le nouvel étang faisait un peu plus de 30 mètres de long et 15 mètres de large. La rive sud de l'étang se déversait jusqu'au bord du bois de trembles que les castors avaient prévu de récolter.

Le canal faisait entre 1,20 mètres et 1,50 mètres de large, et entre 20 centimètres et 50 centimètres de profondeur. La distance réelle entre le ruisseau et la rive du nouvel étang était de 27 mètres. Bien que détourner l'eau fût un travail important, cela nécessita moins d'effort que de construire le barrage.

Avec le bois mort et le canal, les castors avaient travaillé deux saisons dans le but d'obtenir davantage de ressources alimentaires sans abandonner la colonie. S'ils avaient utilisé des trembles jeunes faciles à couper pour construire le barrage, ils auraient grandement réduit la quantité de nourriture disponible. Ils auraient dû utiliser presque tous ces trembles pour construire le barrage. La seule conclusion à laquelle je peux parvenir est que les castors ont non seulement pensé à commencer à travailler pour obtenir une source de nourriture dont ils auraient besoin dans deux ans, mais aussi, au prix de grands efforts, ils ont économisé la faible source alimentaire de trembles à proximité en construisant leur barrage avec des arbres détruits et durcis par le feu.

Les castors rassemblèrent une large récolte de trembles et de saules pour l'hiver. En visitant tous les jours le lieu de la récolte, cela me permit de comprendre leurs nombreuses méthodes et l'immense effort qu'ils déploient, ce que je n'aurais autrement jamais découvert. Au début de la récolte, les castors abattirent un petit bosquet de trembles au loin en aval. Les castors firent tomber chaque arbre de ce petit bosquet et tous les trembles également à proximité, puis ils les traînèrent jusqu'au ruisseau, les poussant et les tirant avec beaucoup d'efforts pour les mettre dans le ruisseau. Les arbres furent alors emportés en amont dans l'eau peu profonde du ruisseau puisque la plupart des cours d'eau de montagne sont bas durant l'automne. Au beau milieu de leur travail, les castors bloquèrent l'entrée d'eau du canal et scindèrent en deux le barrage en forme d'arc. L'eau dans le ruisseau doubla presque de volume par la fermeture du canal, rendant ainsi le transport en amont des trembles moins laborieux.

Lorsque les trembles coupés en aval reposèrent enfin en pile près de la maison, les castors se mirent rapidement à récolter les trembles le long de la rive du nouvel étang. Puis vint une autre surprise. Le barrage en forme d'arc fut réparé et le canal fut non seulement rouvert mais aussi élargi de telle sorte que presque toute l'eau du ruisseau fut détournée dans le canal. L'eau du ruisseau coula dans le canal jusqu'au nouvel étang formé par le barrage de bois mort.

Les castors abattirent les trembles sur la rive du nouvel étang et les firent flotter dans le nouvel étang. Puis ils les traînèrent jusqu'au canal dans le vieil étang. De toute évidence, les castors avaient non seulement détourné encore l'eau dans le canal qu'ils allaient peut-être utiliser pour le transport des arbres coupés, mais aussi augmenté le volume initial d'eau simplement dans le but de rendre le transport des trembles aussi facile que possible.

Ces nouveaux ouvrages permirent aux castors de se procurer presque 500 trembles pour l'hiver. Tous les trembles furent transportés jusqu'au nouveau canal, traînés par-dessus le barrage en forme d'arc et par-dessus le barrage principal, puis empilés dans l'eau près de la maison. Avec ces trembles et les trembles amenés d'en bas, la récolte totalisait 732 arbres ; et avec ça vinrent aussi s'ajouter plusieurs centaines de petits saules. En tout, la récolte donna une grande pile de bois fraîchement coupé qui mesurait plus d'une trentaine de mètres de circonférence et, une fois déposée, atteignait 1,20 mètres de hauteur. Voilà les provisions de nourriture pour l'hiver qui approchait. Le dessus de la pile de réserves se tenait à environ 30 centimètres au-dessus de la surface de l'eau.

Cinq ans après avoir achevé ce barrage de bois mort, il était tellement envahi de saules et d'herbes que les matières initialement utilisées – les troncs d'arbres morts en formaient la plus grande partie – étaient complètement recouvertes. Les castors utilisèrent le nouvel étang formé par le barrage de bois mort seulement pendant une saison. En une récolte, ils coupèrent tous les trembles disponibles près du barrage de l'étang. L'endroit est maintenant abandonné, de même que les étangs, ancien et nouveau.

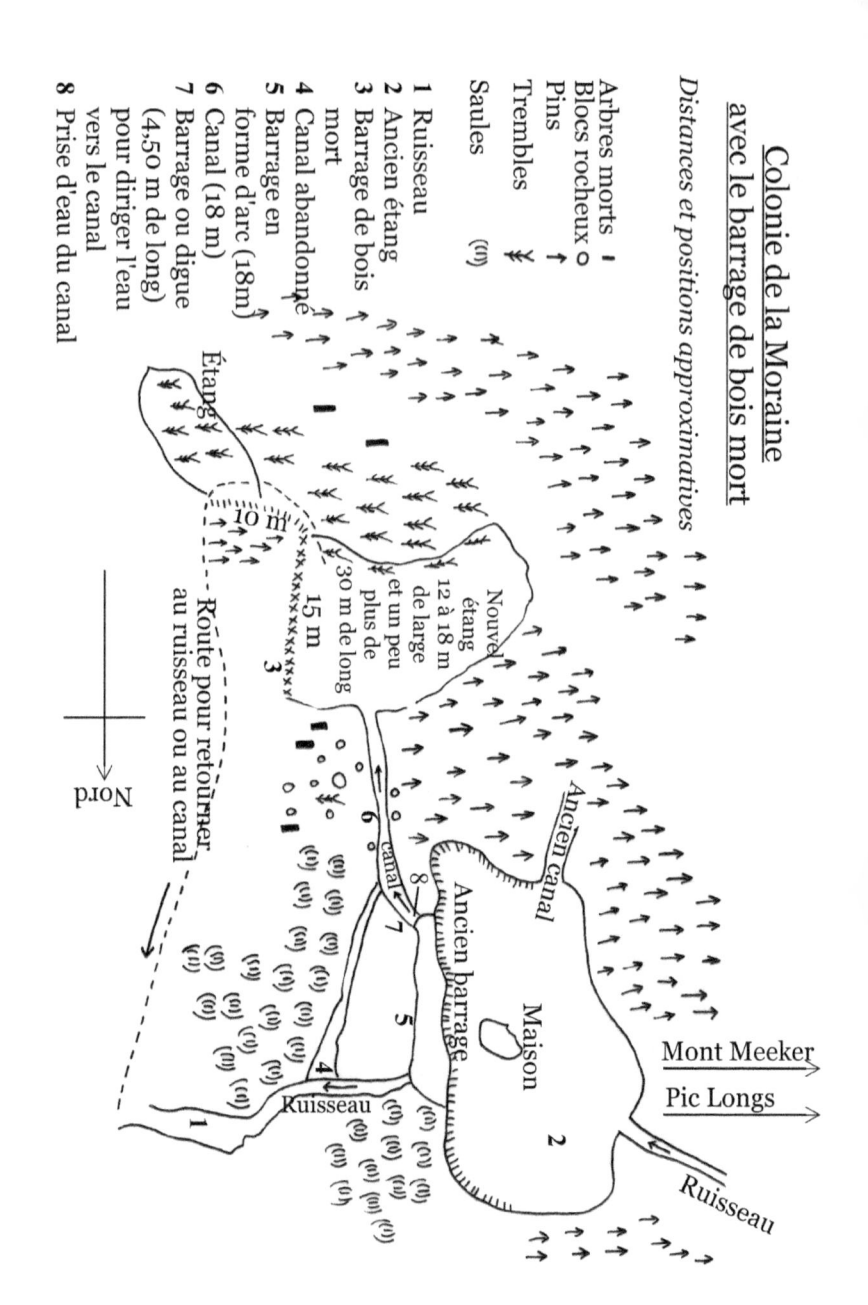

Colonie de la Moraine avec le barrage de bois mort

Distances et positions approximatives

Arbres morts ▬
Blocs rocheux ○
Pins ↑
Trembles ⚹
Saules (ⁿ)

1. Ruisseau
2. Ancien étang
3. Barrage de bois mort
4. Canal abandonné
5. Barrage en forme d'arc (18m)
6. Canal (18 m)
7. Barrage ou digue (4,50 m de long) pour diriger l'eau vers le canal
8. Prise d'eau du canal

Nord

Étang
10 m
Nouvel étang 12 à 18 m de large et un peu plus de 30 m de long
15 m
Route pour retourner au ruisseau ou au canal

Ancien canal
Ancien barrage
Maison
Ruisseau

Mont Meeker →
Pic Longs →

Plan de la colonie de la Moraine

Chapitre 10
La colonie en ruine

Il y a vingt-six ans, alors que j'étudiais la glaciation sur la pente du pic Longs, je tombai sur un groupe de huit maisons de castors. Ces huttes grossières en forme de cône et faites de boue se trouvaient dans un étang de forêt à très haute altitude sur le flanc de la montagne. Dans cette colonie d'ingénieurs, il y avait tellement de choses intéressantes que j'abandonnai définitivement l'étude fascinante du Roi des Glaces mort depuis longtemps avec les ruines et les traces glaciaires qu'il avait laissées derrière lui pour observer les ouvrages et les habitudes du Castor Citoyen.

Une pile de blocs de granit gisaient sur la rive à quelques mètres de l'étang et, du haut de ces blocs de roche, je pouvais observer l'entière colonie de castors et leurs opérations. Je passais des journées à observer et à profiter de leurs activités d'automne au sein du Royaume des Castors.

C'était la période la plus chargée de l'année pour ces travailleurs. De vastes préparatifs étaient en cours pour l'approche d'un hiver long dans les neiges montagneuses. Les castors rassemblaient de nombreux arbres récoltés et faisaient des travaux sur une nouvelle maison pendant que d'autres réparaient les maisons anciennes. C'était une journée calme d'automne quand j'arrivai dans le village pittoresque de ces êtres primitifs. Les trembles étaient dorés, les saules de couleur rouille, l'herbe fanée et les aiguilles de pins ronronnaient dans l'air doux.

Le site de la colonie était établi dans un petit bassin parmi des débris morainiques à une altitude de 2740 mètres au-dessus du niveau de la mer. Je la baptisai immédiatement la colonie de la Moraine. Le lieu était absolument sauvage. De la neige, des rochers, des falaises et des pics s'élevaient vertigineusement au-dessus de tout ; tout autour dominait une forêt dense de pins et d'épicéas. Quelques petits marécages reposaient dans cette forêt avec ici et là de gigantesques rangées de blocs rocheux érigées par les vents. Une ceinture irrégulière de trembles entourait les divers étangs et séparait les pins et les épicéas de la lisière de saules qui aimaient l'eau le long des rives. Il y avait trois grands étangs les uns à la suite des autres et en dessous de ceux-ci se trouvaient plusieurs petits étangs. Les grands étangs étaient formés par des barrages consistant en des structures terreuses envahies de saules d'environ 1,20 mètres de haut et complètement affaissées en aval du ruisseau. Les maisons étaient regroupées au milieu de l'étang le plus grand dont le barrage faisait plus de 90 mètres de long. Trois de ces habitations dans l'étang se tenaient près du bord supérieur, proches de l'endroit où le ruisseau se déversait. Les cinq autres habitations étaient regroupées près de la sortie d'eau, juste en dessous de laquelle une petite île parsemée de blocs rocheux et envahie de saules divisait les eaux du ruisseau.

Un certain nombre de castors étaient occupés à ronger les trembles pour les faire tomber pendant que d'autres coupaient ceux déjà tombés en sections, les poussaient et les roulaient dans l'eau, puis les faisaient flotter jusqu'aux piles de récolte. Il y avait une pile à côté de chaque maison. D'autres castors répartissaient calmement une couche de boue sur l'extérieur de chaque maison. Cette couche gèlerait et résisterait aux dents et aux griffes du prédateur le plus affamé ou le plus puissant. Quatre castors rallongeaient et réparaient tranquillement un barrage. Quelques-uns travaillaient seuls, mais la plupart étaient en groupes. Ils travaillaient tous tranquillement et avec une délibération apparente, mais comme ils étaient tous en mouvement, le lieu était bien animé. « Travailler comme un castor ! » : quelle exhibition vibrante du travail et de la prévoyance des castors que j'observais depuis ma pile de rochers !

Des fois, plus de quarante d'entre eux étaient en vue. Bien qu'il y eût une coopération générale, chacun semblait pourtant faire sa part du travail sans ordre ou direction. Maintes fois, un groupe de castors finissaient une tâche et, sans pause, ils se déplaçaient silencieusement et commençaient une autre tâche. Tout semblait aller de façon mécanique. Il s'en produisait un sentiment étrange de voir autant de castors faire tant de tâches différentes de manière efficace et automatique. Encore et encore, j'écoutais pour entendre la voix du chef ; constamment j'observais pour regarder le contremaître se déplacer parmi eux ; mais j'écoutais et je regardais en vain. Pourtant je sentais que certains des patriarches avaient dû adopter un plan général de travail et, pendant que les castors travaillaient, les patriarches devaient donner de temps en temps des ordres et des directions à suivre que je ne pouvais comprendre.

Le travail était à son apogée un peu avant midi. De nos jours, il est rare qu'un castor travaille en plein jour. Les hommes et les armes ont empêché les castors qui travaillent en plein jour de laisser derrière eux des descendants. Mais ces castors travaillaient non seulement en plein jour mais jouaient aussi en plein jour. Un matin pendant plus d'une heure, il y eut un mouvement général auquel l'entière population de castors sembla prendre part pour s'amuser. Ils faisaient la course, plongeaient, s'entassaient en pile, se mélangeaient les uns aux autres, faisaient claquer l'eau avec leur queue, se battaient et plongeaient encore. Il y avait trois centres de jeu, mais le jeu dura sans intermission et, comme leur position changeait constamment, les castors très joueurs éclaboussèrent de l'eau partout par-dessus l'étang principal avant de se calmer et de retourner au travail en silence. J'observais davantage les castors récoltants qui faisaient tomber les trembles et les déplaçaient à bras-le-corps ou en sections sur terre et sur l'eau vers les piles de récolte. Un arbre au bord de l'étang fut jeté à l'eau, il faisait 20 centimètres de diamètre et 4,50 mètres de haut. Sans même avoir une branche coupée, il fut flotté jusqu'à la pile de récolte la plus proche. Un autre d'à peu près la même taille que les castors s'étaient procuré à environ 15 mètres de l'étang fut coupé en quatre sections et ses branches furent retirées. Il fallut un seul castor pour prendre une branche entre les dents, la traîner jusqu'à l'eau puis nager avec jusqu'à la pile de récolte. Mais quatre castors durent s'unir pour transporter la section la plus grande vers l'eau. Ils poussèrent avec leurs pattes avant, avec leur ventre et leurs hanches. Mais c'était clairement trop lourd pour eux et ils s'arrêtèrent. « Maintenant ils vont aller chercher de l'aide », me dis-je, « et je découvrirai qui est le chef. » Mais à mon étonnement, l'un d'eux commença à ronger la section en deux et deux autres commencèrent à dégager un passage vers l'eau pendant que le quatrième se mit à couper un autre tremble. Des pistes en bon état et des voies dégagées jusqu'à l'eau sont toujours la règle et peut-être la règle essentielle des colonies de castors.

Je devins vivement intéressé par cette colonie qui était située à moins de trois kilomètres de ma cabane. Sa proximité me permit de la visiter souvent et de suivre de près les fortunes et infortunes de ces castors. Je m'attardais au voisinage de l'étang parsemé de huttes quand il fut recouvert du blanc de l'hiver, bordé du bleu des gentianes et orné de la gloire jaune des lys de l'étang.

Le feu ruina la colonie durant un automne de sécheresse. Un matin, pendant que je regardais de ma pile de blocs rocheux, je remarquai des flocons de cendre ici et là tomber dans l'étang. Rapidement, la fumée emplit l'air, puis vint le rugissement étouffé et terrible d'un feu de forêt. Je pris la fuite et d'en haut, au-dessus de la limite des arbres, je regardai l'épais nuage de fumée noire balayer furieusement droit devant lui, éruptant tout autour en terribles flammes rouges. Avant midi, plusieurs milliers d'hectares de forêt étaient détruits, chaque feuille et chaque branche étaient en cendres, chaque tronc d'arbre cloqué et noirci.

Une forêt résineuse entourait étroitement la colonie de la Moraine. Pendant un temps, les maisons dans l'eau avaient dû être enveloppées de flammes d'une chaleur à faire fondre. Ces maisons de boue pouvaient-elles supporter une telle chaleur ? Je savais que les castors s'échapperaient en plongeant sous l'eau. Le matin suivant, je parcourus la zone chaude et enfumée et découvris que chaque maison s'était fissurée et effondrée ; aucune n'était habitable. Le plus sérieux était la perte complète des ressources alimentaires qui n'avaient pas encore été coupées, la récolte pour l'hiver commençant tout juste.

Ces êtres énergiques mourraient-ils de faim chez eux ou essayeraient-ils de trouver refuge dans une autre colonie ? S'efforceraient-ils de trouver un bois que le feu avait épargné et recommenceraient-ils tout de zéro là-bas ? La chaleur intense avait consumé presque tout ce qu'il y avait de fibreux à la surface. Les piles de trembles fraîchement récoltés étaient carbonisées jusqu'au niveau de l'eau ; tout ce qui restait des taillis de saules et des bois de trembles était des milliers de piquets et de surfaces noircies, des hectares d'herbe couverts de charbon épais. C'étaient une vision affreuse et la perspective de mourir de faim qui attendaient mes amis à fourrure.

Je quittai les lieux pour explorer l'entière zone qui avait brûlé. Après avoir marché des heures parmi les cendres et le charbon, trouvant ici et là la carcasse brûlée d'un cerf ou d'un autre animal sauvage, je tombai sur une colonie de castors qui avait réchappé au feu. Elle était située au beau milieu de plusieurs hectares de terre marécageuse et boisée de trembles et de saules résistants au feu. La forêt de pins environnante n'était pas dense et la chaleur qu'elle produisit en brûlant ne causa pas de dégât sur les maisons dispersées des castors.

Du haut d'un rocher de granit, j'étudiai le paysage vert de la vie et l'étendue désolée aux alentours. Ici et là un tronc détrempé fumait au loin dans une partie cendreuse de la forêt et portait dans l'air calme une tour de fumée. À quelques kilomètres à l'est, au milieu des arbres clairsemés d'un sommet rocheux, le feu s'éteignait ; à l'ouest, le soleil se couchait derrière les rochers et la neige ; à proximité, sur une branche noircie, un merle d'Amérique qui migrait vers le sud gazouillait, volubilement mais éperdument.

Alors que j'écoutais, réfléchissant et observant les lieux, un lion des montagnes apparut et bondit avec légèreté sur un bloc de granit. Il était à ma droite, à environ 30 mètres de moi et 30 mètres de l'étang le plus proche. Il était intéressé par quelque chose qui s'approchait. Remuant sa queue nerveusement, il regarda attentivement et avidement par-dessus la crête qui était devant lui, puis il se baissa sur son bloc rocheux, tendu et en position d'attente.

Un pin qui avait réchappé au feu masquait l'endroit que le lion regardait et d'où, de toute évidence, quelque chose s'approchait. Alors que j'essayais de découvrir ce que ça pouvait être, un coyote arriva en trottant. Sans apercevoir le lion à côté, il s'arrêta soudainement et regarda fixement l'endroit qui intéressait tant le lion baissé. Le mystère fut résolu quand trente ou quarante castors arrivèrent précipitamment. Ils étaient venus de la colonie de la Moraine en ruine.

Je pensai que le coyote, rempli comme il devait l'être avec la chair brûlée de victimes rôties au feu, ne les attaquerait pas ; mais un lion veut une proie fraîchement tuée pour chaque repas. J'observai alors les mouvements de ce dernier. Il ajusta ses pattes un tout petit peu et se prépara à bondir. Les castors se rapprochèrent ; mais juste alors que j'étais sur le point de crier pour effrayer le lion, le coyote bondit sur les castors et commença à tuer.

Dans mon empressement à quitter le rocher où j'étais, je faillis me briser la nuque. Une fois au sol, je me lançai vers le coyote, poussant des cris sauvages pour l'effrayer et le faire partir ; mais il était si déterminé à tuer que ce ne fut qu'un violent coup dans les côtes qui lui fit prendre conscience de ma présence. Dans la colère et l'excitation, il sauta sur moi, les crocs sinistres, et prit la fuite. Le lion avait disparu et, à cet instant, les castors qui étaient en première ligne plongèrent dans l'étang pendant que les autres dévalaient difficilement la pente. Le coyote en avait tué trois. Si les castors ont un langage, les réfugiés racontèrent sûrement aux voisins qui les accueillaient une expérience effrayante cette nuit-là.

Le matin suivant, je retournai à la colonie de la Moraine par la piste que les réfugiés avaient suivie. Laissant leurs maisons détruites par le feu, les castors avaient suivi le cours d'eau qui sortait de leurs étangs. Le cours d'eau était par endroits obstrué ou tellement jonché de débris engendrés par le feu qu'ils avaient marché le long de l'eau plutôt que dedans comme à leur habitude. À un endroit, ils s'étaient précipitamment réfugiés dans l'eau. Des traces laissées par un coyote dans les cendres éparpillées en expliquaient la raison. Mais après avoir nagé une courte distance, ils étaient sortis de l'eau et avaient de nouveau voyagé sur la terre cendreuse.

Les castors suivent généralement des voies sur l'eau mais en cas d'urgence ou dans des moments de courage, ils voyagent sur la terre. Suivre le cours d'eau en aval jusqu'à son premier tributaire, puis remonter d'ici jusqu'à la colonie dans laquelle ils avaient trouvé refuge, auraient nécessité six kilomètres et demi de voyage sur l'eau. Sur terre, le voyage faisait moins de deux kilomètres. Après avoir suivi le cours d'eau sur une certaine distance, ils tournèrent juste à l'endroit exact, quittèrent le cours d'eau et s'aventurèrent au milieu des dangers de la terre. Comment connaissaient-ils la situation et la localisation de la colonie dans le bois de saules, comment savaient-ils qu'elle avait réchappé au feu et comment avaient-ils pu connaître le chemin le plus court pour y aller ?

Le matin suivant l'arrivée des réfugiés, les castors commencèrent à construire deux nouvelles maisons et un barrage. Le barrage faisait environ 18 mètres de long et traversait une étendue d'herbe. Les castors coupèrent des saules, des trembles et des aulnes pour construire le barrage. Pas une seule pierre ou une seule poignée de boue ne fut placée pour renforcer le barrage. Quand le barrage fut achevé, il ressemblait à des broussailles tout juste ratissées par le vent. Il était presque droit, un tout petit peu affaissé en aval. Bien que l'eau filtrât sans obstacle à travers le barrage, elle inonda le terrain au-dessus. Comme les deux nouvelles maisons ne pouvaient abriter tous les réfugiés, il est probable que certains d'entre eux furent abrités dans des terriers sous la rive pendant qu'ils trouvèrent de la place pour les autres dans les anciennes maisons.

Cet hiver-là, des trappeurs firent un raid sur la colonie ; ils obtinrent plus d'une centaine de peau et la colonie fut laissée en ruine et presque dépeuplée.

Le site de la colonie de la Moraine fut déserté pendant longtemps. Huit ans après le feu, je revins pour l'examiner. Les saules avaient poussé sur les ruines de la colonie et ils étaient presque aussi denses que lorsque le feu se produisit. Des trembles poussaient sur l'ancienne rive des étangs et dépassaient la taille d'un homme tandis qu'à côté, de jeunes pins tordus grandissaient dans les cendres de la vieille forêt. Un petit monticule égayé d'ancolies en fleur était la seule maison en ruine à voir.

Les étangs étaient vides et tous les barrage étaient cassés. Le cours d'eau, en se précipitant sans obstacle à travers les ruines, avait profondément érodé les barrages. Cette érosion révélait les traces de l'âge et montrait que l'ancien barrage principal avait été construit par-dessus un barrage plus vieux et un ancien étang rempli de sédiments. Le second barrage était lui-même au-dessus d'un barrage plus ancien. Dans les sédiments de l'étang le plus ancien – l'étang le plus bas – je trouvai un fer de lance, deux troncs carbonisés et le crâne d'un bison. Les colonies de castors, aussi bien que celles des hommes, sont souvent situées sur des sites qui ont une histoire tragique. Les castors, avec Omar, pourraient bien dire :

« Quand toi et moi serons passés derrière le voile,
Le monde perdurera encore longtemps, très longtemps. »

L'été suivant, en 1893, le site de la Moraine fut recolonisé par les castors. Durant la première saison, les colonisateurs passèrent leur temps à réparer des barrages et se contentèrent de vivre dans des terriers. En automne, ils ne rassemblèrent aucune récolte et je ne vis aucune trace d'eux dans la neige ; il était donc probable qu'ils furent retournés pour l'hiver dans la colonie d'où ils étaient venus. Mais au début du printemps suivant, leur nombre était renforcé pour effectuer le travail et établir une installation permanente. Ils réparèrent trois barrages et à l'automne, les nombreuses feuilles dorées qui tombaient des arbres trouvèrent logement dans l'enduit frais de deux nouvelles maisons.

Dans la nouvelle colonie de la Moraine, un animal mit en pièces l'une des maisons avant Thanksgiving. C'était probablement un ours. Au milieu de l'hiver, un prospecteur quitta son tunnel à quelques kilomètres de là, vint dans la colonie, dynamita une maison et en « eut sept d'entre eux ». L'année suivante, les castors construisirent deux maisons sur les ruines de deux maisons tout juste effondrées. Cette année-là, leur récolte entreposée près des maisons fut détruite par les attaques meurtrières d'ennemis. En rassemblant la récolte, les castors montraient une préférence pour certains trembles qui poussaient à un endroit humide à une trentaine de mètres de l'eau. Je ne sus dire si c'était la taille de ces trembles ou leur goût particulier qui détermina leur choix de préférence à d'autres trembles plus proches. Un jour, pendant que plusieurs castors coupaient ici, un lion des montagnes les surprit. Le lion bondit sur eux et tua l'un des castors qui récoltaient. Le jour d'après, le lion les surprit de nouveau et en tua un autre. Deux ou trois jours plus tard, un coyote en tua un au même endroit encore taché de sang, puis en rattrapa deux et les tua alors qu'ils fuyaient vers l'eau. Je ne pus pas voir ces attaques mortelles de la pile de blocs rocheux où j'étais mais, à chaque fois, en voyant des castors qui prenaient la fuite, je me précipitais sur les lieux où j'apercevais la cause de leur retraite désespérée. Mais en dépit des dangers, ils persistèrent jusqu'à ce que le dernier des trembles fût récolté. Durant l'hiver, les castors mangèrent l'écorce des trembles qu'ils avaient récoltés et ils utilisèrent la saison suivante leur bois décortiqué pour les murs d'une nouvelle maison.

Un automne, j'eus le plaisir de voir certains immigrants castors me doubler et passer devant moi *en route* pour une nouvelle maison dans la colonie de la Moraine. Bien sûr, ce n'étaient peut-être que des visiteurs, ou peut-être étaient-ils venus temporairement pour les aider à récolter ; mais j'aime à penser que c'étaient des immigrants et un certain nombre de choses attestèrent qu'ils l'étaient. Un soir, j'étais allongé sur un bloc de roche près du cours d'eau en bas de la colonie, attendant un cadeau du ciel. Il arriva. Hors de l'eau, à moins de trois mètres de moi, le castor le plus patriarcal et le plus imposant que j'aie jamais vu marchait. Je voulais enlever mon chapeau et lui demander de me raconter l'histoire de sa vie mais, par habitude, je restai simplement allongé et immobile et l'observai en silence. Il se déplaça autour d'une cascade. Alors qu'il gravissait avec difficulté la pente caillouteuse, je remarquai qu'il n'avait que deux doigts sur sa main droite. Il fut suivi en file indienne par quatre autres castors ; l'un d'eux avait un doigt en moins sur la main gauche. Le matin suivant, je découvris que cinq immigrants étaient arrivés à la colonie de la Moraine. Ils avaient laissé leurs empreintes sur les bords boueux de l'étang inférieur. Un agent avait-il été envoyé pour inviter ces colonisateurs ou étaient-ils arrivés d'eux-mêmes avec un esprit d'aventure ? Le jour suivant leur arrivée, je pistai en sens inverse le chemin qu'ils avaient pris dans l'espoir d'apprendre d'où ils venaient et pourquoi ils s'étaient déplacés. Ils avaient voyagé dans l'eau la plupart du temps ; mais par endroits, ils en étaient sortis pour aller sur la rive et contourner une chute d'eau ou éviter un obstacle. Ici et là, je voyais leurs empreintes dans la boue. Je remontai leurs traces jusqu'à une colonie de castors dans laquelle les maisons et les barrages avaient été récemment détruits. Un rancher d'à côté me raconta qu'il avait rendu la situation « infernale » pour tous les castors dans sa prairie. Les deux années qui suivirent, je voyais de temps en temps ce castor patriarcal ou j'apercevais ses traces dans les environs.

Il est de coutume parmi les castors mâles adultes de partir flâner au loin deux ou trois mois chaque été pour explorer les ruisseaux et cours d'eau voisins, mais ils reviennent toujours à temps pour leurs activités d'automne. Il devient donc clair, quand une vieille colonie doit se déplacer, comment certains des castors de la colonie savent où aller et la route à suivre.

Les colonisateurs de la Moraine rassemblèrent une récolte inhabituellement grande durant l'automne 1909. Les castors amassèrent 732 jeunes trembles et plusieurs centaines de saules dans l'étang principal près de la plus grande maison. Cette pile qui ne dépassait presque pas de la surface de l'eau faisait 90 centimètres de hauteur à partir du fond de l'étang et 37 mètres de circonférence. Une nouvelle maison serait-elle construite cet automne-là ? Cette récolte inhabituellement grande disait clairement que soit des petits, soit des immigrants avaient augmenté la population de la colonie. Bien sûr, ce pouvait être aussi qu'ils s'attendaient à un hiver difficile.

Non, ils ne construisirent pas une nouvelle maison, mais la vieille maison près de la pile de la récolte était sur le point d'être agrandie. Un soir, juste alors que l'ombre du pic Longs recouvrait l'étang, je jetai un coup d'œil furtif par-dessus le barrage pour regarder le travail. La maison était seulement à 12 mètres de distance. Pas une seule ondulation ne vint agiter les sommets et les pins qui se reflétaient à l'envers dans l'étang clair et émaillé d'ombre. Un castor tout seul s'éleva à la surface de l'eau près de la maison. Nageant sans un bruit, il fit le tour de l'étang. Puis, pendant un moment et sans but apparent, il nagea plusieurs fois en ligne droite d'un côté à l'autre de l'étang ; il nageait tranquillement et plongeait de temps en temps sans un bruit sous l'eau. Il ne semblait pas regarder quelque chose en particulier ou avoir quelque chose de spécial en tête. Pourtant ses yeux pouvaient être en train de guetter des ennemis ou sa tête être pleine de plans de maison. Finalement, il plongea en profondeur et, la fois d'après, je le vis grimper avec une poignée de boue sur la maison à l'endroit où elle était en cours d'agrandissement.

À cet instant, plusieurs castors apparurent et nagèrent dans l'étang de la même façon que le premier. Ils se mirent tous au travail à l'instant. L'agrandissement de la maison se dressait déjà à plus de 60 centimètres au-dessus du niveau de l'eau. Le haut de la maison était en forme de croissant et faisait 2,30 mètres de large. Elle était surtout faite de boue que les castors renforcèrent avec des bâtons de saules et de trembles. Pendant un moment, tous les castors étaient occupés à rapporter de la boue et des racines du fond de l'étang pour les placer sur l'agrandissement qui s'élevait lentement. Onze castors travaillaient en même temps. Peu après, trois castors nagèrent jusqu'à la rive, chacun dans une direction différente et chacun à quelques secondes d'intervalle. Après une minute ou deux, ils revinrent à la rive, chacun portant ou tirant un long saule. Ils traînèrent les saules jusqu'en haut de l'agrandissement, les posèrent et entassèrent de la boue dessus. Pendant ce temps, ceux qui portaient de la boue continuèrent leur travail ; les castors rapportèrent encore d'autres saules mais, cette fois-ci, quatre castors y allèrent et, comme avant, chacun indépendamment des autres. Je n'arrivais pas à comprendre comment ce travail pouvait continuer sans quelqu'un pour diriger les choses. Je ne parvins pas à détecter un castor qui agissait comme un contremaître, un chef ou un guide. Bien qu'il y eût une coopération générale, chacun agissait la plupart du temps indépendamment des autres et semblait parfois inconscient de la présence des autres. Ces castors travaillaient tout simplement lentement, en silence et sans relâche. Ils travaillaient encore méthodiquement et avec une délibération solennelle quand la nuit les cacha.

Haut et bas : castor en train de nager dans l'eau

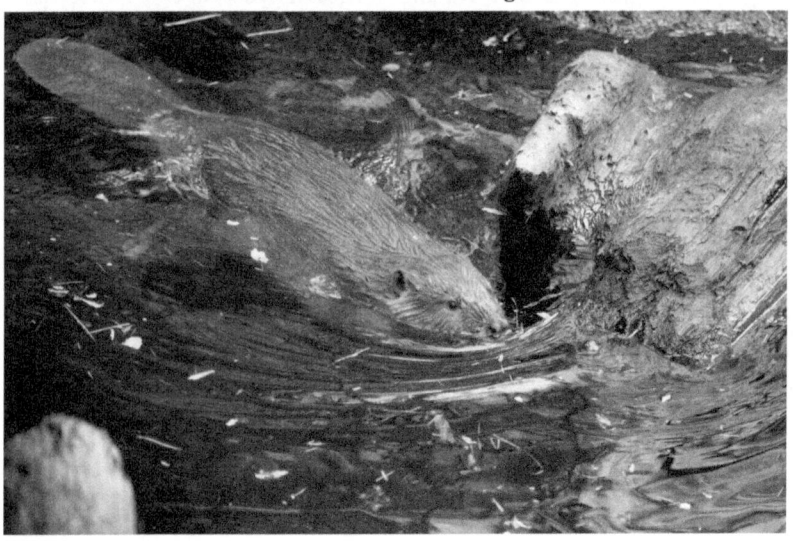

Chapitre 11
Les castors pionniers

Je souhaite souvent qu'un voisin à moi, un vieux castor, écrive l'histoire de sa vie. Au cours des dix-huit années, sa hutte de terre fut parmi les lys du lac Lily à Estes Park dans le Colorado. Il vécut de nombreux dangers dans la nature, échappa à la stratégie des trappeurs et survécut aux changements dangereux qui surviennent avec l'apparition des maisons. Sa vie fut longue, excitante et aventureuse. Si, dans le premier chapitre de sa vie, il pouvait transmettre certaines des expériences intenses et palpitantes que ses ancêtres lui ont racontées, son livre en serait d'autant mieux.

« Dos-droit », mon voisin castor, était un pionnier et le fondateur d'une colonie. Il est probable qu'il est né dans une maison de castors sur la rivière Wind et qu'il a passé les six premières années de sa vie près de ce rocher escarpé et de ce cours d'eau montagneux bordé de trembles. La première fois que je le vis, il menait un groupe d'émigrants, quittant le cours supérieur aux parois escarpées de cette rivière. Lui et son groupe s'installèrent, ou plutôt se réinstallèrent, sur le lac Lily.

Je lui avais donné le nom de Dos-droit à cause de son dos droit. En général, les épaules d'un castor sont bombées au-dessus de la ligne du dos, comme chez le grizzly. Avec cette particularité, qui me permettait d'être sûr de sa présence, s'en trouvait une autre. C'était son habitude de ronger les arbres près du sol quand il les faisait tomber. La découverte d'une souche coupée très bas m'assurait de sa présence durant les périodes où je n'arrivais pas à le voir.

La première colonie de castors dans le lac semble s'être installée au début des années 1870 avec un couple de castors débordant d'un esprit pionnier, bien avant que Dos-droit soit né. Ces colons étaient apparemment les seuls survivants d'un large groupe d'émigrants qui avaient essayé de monter les montagnes escarpées jusqu'au lac, ayant été chassés de leurs maisons par des colons humains empiétant chez eux. Après un voyage long et fastidieux fait d'épreuves, de difficultés et de dangers, ils montèrent jusqu'au lac qui fut pour eux, pendant des années, une véritable terre promise.

Chassés de Willow Creek, ils partirent en amont du cours d'eau à la recherche d'une nouvelle maison, probablement sans connaître le lac Lily qui était à huit kilomètres de distance et à 600 mètres d'altitude sur une montagne rocheuse et escarpée. Ces pèlerins avaient seulement parcouru une petite distance en amont quand ils découvrirent que la plus grande partie du trajet se ferait hors de l'eau. C'était seulement un ruisseau au mieux et à peu près partout, ce n'était qu'un petit cours d'eau si superficiel qu'ils ne pouvaient même pas plonger hors d'atteinte des prédateurs ou même s'y refroidir entièrement. Par endroits, l'eau s'étendait à peine sur un terrain herbeux et plat ou sur une pente de granit douce. Et encore l'eau se perdait dans le gravier. Ou murmurant faiblement, elle poursuivait son chemin hors de vue sous des piles de blocs rocheux – des marbres formés par le Roi des Glaces. Une grande partie du temps, ils étaient obligés de voyager sur la terre, à découvert et exposés aux prédateurs. Les points d'eau dans lesquels ils pouvaient s'échapper et se reposer étaient très éloignés les uns des autres.

Ce voyage périlleux et laborieux de huit kilomètres que les castors entreprirent sur la montagne vers le lac serait facile et sans problème pour un animal ayant le physique d'un ours ou d'un loup. Mais pour les castors, il n'est pas surprenant que seulement deux des émigrants aient survécu à cette épreuve ultime et réchappé aux nombreux dangers de ce voyage.

Le lac Lily ressemble à un jardin circulaire et peu profond avec des lys. Le lac se trouve dans une prairie de glaciers à une altitude de 2740 mètres. Ses lys des étangs dorés dansent souvent parmi les sommets enneigés qui se reflètent pendant que, au-dessus, les rochers de granit de la montagne Lily s'élèvent à plusieurs milliers de mètres. Quelques hectares d'herbes et de carex limitent la moitié de la rive, tandis que le reste est bordé de rochers escarpés, de bois de trembles, de bois de saules et de pins çà et là. Ses eaux viennent de sources à l'ouest de sa bordure et débordent sur une bande herbeuse le long de sa rive courbée vers l'est.

C'était l'automne quand ces pionniers castors arrivèrent sur la bordure poétique et primitive du lac Lily. Les grandes feuilles vertes des lys des étangs reposaient sur l'eau tandis que des longues tiges vertes étaient tombés les pétales sculptés d'or. Les saules portaient leurs feuilles de marron et de bronze, et les robes tremblantes et jaunes des trembles luisaient dans la lumière dorée du soleil.

Ces pionniers recouverts de fourrure creusèrent un trou en guise d'abri dans la rive et rassemblèrent activement leur nourriture pour l'hiver jusqu'à ce qu'ils fussent stoppés par le gel et la neige. Puis presque imperturbables, ils passèrent leurs journées venteuses d'hiver à sommeiller pendant que le lac était maintenu dans une glace sans une seule ondulation sous un manteau de neige.

L'été suivant, une maison fut construite dans des feuilles de lys près de la rive. Un certain nombre de petits naquirent pendant les quelques années paisibles qui suivirent. Ces temps paisibles se terminèrent par une journée ensoleillée au milieu de l'été. Lord Dunraven avait demandé à ce qu'un fossé fût creusé en bordure du lac où l'eau sortait, avec l'intention de drainer l'eau jusqu'à ses étangs de poissons situés plusieurs kilomètres en dessous, pour avoir de l'eau pour sa réserve de chasse à Estes Park. Une sécheresse avait régné pendant plusieurs mois et il fallait trouver une nouvelle source d'eau, sinon les étangs de poissons seraient asséchés. L'eau circula dans le fossé et les jours de la colonie semblèrent être comptés.

Un castor doit avoir de l'eau pour sa sécurité et pour faciliter ses déplacements et ceux de ses provisions. Il est doué pour maintenir un barrage et réguler sa source d'eau ; ces deux choses lui demandent beaucoup de temps. Dans le lac Lily, le barrage et la question de l'eau avaient été si ingénieusement maîtrisés par la nature que les castors n'eurent rien à faire. Cependant, ils savaient toujours comment construire des barrages et le contrôle de l'eau n'était pas devenu un art perdu. Le matin suivant la réalisation du fossé de drainage, un homme fut envoyé en haut jusqu'au lac pour découvrir pourquoi l'eau n'arrivait pas en bas. Un court instant après que les hommes qui avaient creusé le fossé furent partis, l'abaissement de l'eau avait réveillé les castors qui placèrent aussitôt un barrage dans l'ouverture du fossé. L'homme retira ce barrage puis repartit en bas pour faire son rapport. Les castors le remplacèrent rapidement. Trois fois l'homme revint et détruisit leur barrage, mais trois fois les castors le restaurèrent aussitôt.

Le matériel du barrage utilisé pour obstruer le fossé consistait principalement de bâtons pelés dont les castors avaient mangé l'écorce durant l'hiver. Avec ces bâtons, il y avait de la boue et de l'herbe. La quatrième fois que le gardien du fossé revint, il jeta tous les matériaux dans le barrage et installa des pièges d'acier dans l'eau près de l'ouverture du fossé. Les deux premiers castors qui vinrent bloquer de nouveau le fossé furent attrapés dans ces pièges et se noyèrent pendant qu'ils luttaient pour se libérer. D'autres castors continuèrent héroïquement le travail qu'ils avaient commencé. Couper de jeunes arbres et se procurer de nouveaux matériaux rendirent leur travail lent, très lent, face à l'eau qui s'échappait rapidement.

Lorsque le fossé fut enfin obstrué, une partie des matériaux qui formaient ce nouveau barrage était constituée de pièges et des corps morts des deux castors qui avaient bravement péri en essayant de sauver la colonie.

Le gardien du fossé revint avec un fusil et resta. Le premier castor à arriver à proximité fut tué. Le gardien retira encore le barrage, fit un feu à environ six mètres du fossé et prévit de passer la nuit à surveiller, le fusil en main. À l'arrivée du matin, il devint somnolent, s'assit près du feu et écouta le vent souffler dans les pins derrière lui. Il regarda l'eau constellée d'étoiles puis tomba finalement endormi. Pendant qu'il dormait ainsi, avec son fusil sur les genoux, les castors placèrent une autre obstruction – leur dernière – devant l'eau qui s'échappait.

En se réveillant, le dormeur détruisit le barrage et se tint debout sur le fossé pour surveiller. Toute l'après-midi, un certain nombre de castors rôdèrent dans le coin, guettant une opportunité pour arrêter encore l'eau. Leur opportunité n'arriva jamais, et les trois qui s'aventurèrent trop près de l'homme au fusil y laissèrent la vie en vain, teintant l'eau claire de rouge avec le sang de leur vie.

Le lac fut drainé et les colonisateurs abandonnèrent leur maison. Une nuit, quelques jours après leur dernière tentative de bloquer le fossé, un groupe d'émigrants castors réticents grimpèrent silencieusement pour sortir de l'entrée non recouverte de leur maison et firent leur chemin sur la montagne calmement, lentement sous les étoiles, descendant de ce fait vers la rivière Wind, où ils fondèrent une nouvelle colonie.

L'hiver arriva sur l'ancien lit du lac et les racines de lys gelèrent et moururent. Les maisons de castors s'effondrèrent rapidement et, pendant quelques années, les ruines pittoresques de la colonie de castors, à l'image des nombreuses colonies abandonnées par l'homme, se dressèrent piteusement au milieu de la nature désolée. Lentement, l'eau s'éleva à son niveau d'avant dans le lac pendant que le fossé en sortie se remplissait graduellement d'herbe, de bâtons à la dérive et de déchets. Puis les lys revinrent avec des radeaux de vert et des bateaux d'or pour raviver ce petit lac tranquille.

Un matin d'automne, pendant que je retournais à ma cabane après une nuit passée sous les étoiles sur la montagne Lily, je m'arrêtai sur un rocher pour regarder la lumière changeante du matin sur le canyon de la rivière Wind. Alors que je regardais, Dos-droit et un groupe de colonisateurs arrivèrent le long d'une piste empruntée par les animaux sauvages à quelques mètres de moi, se dirigeant clairement vers le lac qui était seulement à courte distance. Je les suivis silencieusement. Ce fut comme ça que je rencontrai pour la première fois Dos-droit.

Sur la rive, ces sept aventuriers s'arrêtèrent un moment pour contempler les lieux, ou peut-être pour rêver d'un empire ; puis ils se dandinèrent jusqu'à l'eau et firent le tour du lac. Dos-droit avait probablement été ici avant en explorant. Dans les deux heures qui suivirent leur arrivée, ces colonisateurs commencèrent à construire une installation permanente.

Il était tard pour commencer les préparatifs d'hiver. Les trembles blancs et clairs avaient perdu leurs feuilles dorées et se tenaient là en attendant d'accueillir la neige. Ce retard pouvait être la raison de cette hutte improvisée et rudimentaire que les colonisateurs construisirent. Elle fut construite sur la rive avec seulement un bord dans l'eau. L'entrée de la hutte se faisait par un tunnel de 3,60 mètres qui se terminait dans le fond du lac où l'eau était profonde de 60 centimètres.

Les castors entassèrent des coupes fraîches de trembles et de saules près de l'entrée du tunnel quand le lac gela à la surface. Heureusement pour les colonisateurs, avec leurs maigres sources de nourriture, l'hiver fut court et au premier avril, ils étaient capables d'extraire des racines de plantes d'eau le long de la rive superficielle où la glace avait fondu. Un colon succomba pendant l'hiver mais l'été arrivé, les autres avaient commencé le travail sur une maison permanente qui fut terminée avant le temps des récoltes.

J'eus quelques aperçus de la récolte et vis de temps en temps Dos-droit. Un soir, pendant que j'observais les récoltants, je vis trois nouveaux travailleurs. Trois émigrants – venus de quelque part – avaient rejoint les colonisateurs. Un total de quinze castors – dont cinq d'entre eux étaient des jeunes – rejoignirent leurs quartiers d'hiver – une maison grande et confortable avec de bonnes réserves de nourriture et éloignée du chemin emprunté par les trappeurs. Les jours froids et blancs promettaient seulement la paix. Mais une catastrophe inévitable arriva avant que l'hiver ne fût qu'à moitié écoulé.

Une nuit, un vent fort commença à assaillir le lac pris dans la glace avec un souffle intense. La force de ces coups de vent intermittents indiqua que le vent essayait de déloger l'entière couche de glace du lac ; et en effet, ce fut presque ce qui arriva.

Avant la crise, je partis vers le lac, pensant que ce serait le meilleur endroit pour voir le plein effet de ce vent plus que déchaîné. Le vent violent grondait sur la glace et rugissait dans la forêt qui le freinait plus haut. Ces coups de vent firent vibrer la glace et l'eau déferla sous la glace. Pendant un coup de vent très fort, l'eau agitée fit voler en éclats la glace de manière explosive. Une crête se fractura à travers tout le lac. Dans les minutes qui suivirent, la surface entière se brisa et le vent commença à projeter des blocs de glace sur la rive qu'il balayait.

Un grand bloc de glace fut emporté sur la maison des castors, la détacha de la ligne d'eau et retourna le toit conique dans le lac. Les castors trouvèrent refuge dans le tunnel qui passait sous le fond du lac. Le tunnel se révéla être un piège mortel. L'ouverture du tunnel sortant au-dessus de l'eau était obstruée avec de la glace. Comme le lac s'était élevé et déferlait sous l'effet des coups de vent, l'eau avait jailli du tunnel et était repartie à nouveau dans le tunnel, encore et encore, jusqu'à ce que de la glace se formât et refermât la sortie. Contre cette glace, quatre castors s'asphyxièrent ou se noyèrent. Je devinai la tragédie mais fus impuissant pour l'empêcher. Pendant ce temps, les autres firent demi-tour et trouvèrent refuge sur les restes de leur maison en ruine. C'était d'un bosquet de pins à proximité que j'observai ce drame de la nature.

Moins d'une demi-heure après la destruction de la maison, ces animaux invincibles commencèrent à la reconstruire. Fouettés par des vagues glaciales, battus par le vent, à moitié recouverts de glace, ces êtres casaniers luttèrent pour reconstruire leur maison. De la boue fut ramenée du bas de l'étang et empilée sur la fondation dévastée et en ruine. Cette boue se fixa – gela – presque instantanément lorsqu'elle était placée. Ils travaillèrent désespérément et de temps en temps, j'apercevais Dos-droit. À l'approche du soir, il semblait possible que la maison pût être réparée mais, juste alors que l'obscurité tombait, une rafale rugissante frappa le lac. Une grande vague déferla et emporta la nouvelle partie de la maison dans l'eau.

Les colonisateurs abandonnèrent ce travail impossible, sans espoir, et fuirent cette nuit-là en bas de la montagne. Deux castors furent tués avant d'avoir parcouru 400 mètres. Le long du chemin, trois autres traînées rouges se trouvèrent sur la croûte de neige ; chacune d'elles racontait la mort et le festin sur le flanc de la montagne en hiver entre les pins solennels. Dos-droit avec cinq autres castors gagnèrent finalement la colonie de la rivière Wind, d'où il avait mené ses émigrants deux ans plus tôt.

Un jour du mois de juin suivant, alors que j'examinais les lys du lac, je tombai sur une souche basse et fraîchement coupée : Dos-droit était revenu. Un certain nombre de colonisateurs étaient avec lui et tous étaient venus pour rester.

Tous les trembles de taille considérable situés à quelques

mètres de l'eau avaient été coupés mais au coin sud-ouest du lac, à environ dix mètres de la rive, se trouvait un bosquet de trembles. Dos-droit et ses compagnons de travail creusèrent un canal, du lac vers un terrain plat couvert de carex jusqu'au bosquet de trembles. Ce canal était droit, d'environ 35 centimètres de profondeur et 66 centimètres de largeur. Ses murs étaient bien découpés et la plus grande partie des matières déterrées fut empilée uniformément à 20 centimètres de l'un des côtés du canal. Le canal avait une forme mécanique et angulaire et suggérait le travail non pas d'un castor mais d'un homme, et à cela d'un homme très minutieux.

En bas de ce canal, les colonisateurs firent flotter les arbres utilisés pour construire leurs deux maisons. Lors de la finalisation des maisons, les bâtisseurs de maisons retournèrent au bosquet et se procurèrent leurs provisions de nourriture pour l'hiver. La plupart des petits trembles furent flottés jusqu'à la pile entre les maisons avec habileté sans abîmer ou sectionner les troncs ni couper une seule branche.

Les colonisateurs eurent quelques années d'une vie idéale pour les castors. Un été, je tombai sur Dos-droit et quelques autres castors aux abords du ruisseau qui drainait le lac à 800 mètres sous son exutoire. C'était le long de ce ruisseau que les ancêtres intrépides de Dos-droit étaient montés pour établir leur première colonie dans le lac. Généralement, chaque été, les castors descendaient la montagne et passaient quelques semaines de vacances le long de la rivière Wind. Invariablement, ils revenaient avant la fin du mois d'août ; et en automne, la récolte commençait généralement peu après leur retour.

Année après année, les trappeurs souvent équipés passèrent près du lac sans s'arrêter. Les maisons ne se distinguaient pas du sentier et les trappeurs ne savaient pas qu'il y avait des castors ici. Mais ce lac peuplé et paisible n'allait pas éternellement rester à l'abri des ruses de l'homme et, un jour, vint cette machine à torture cruelle et barbare, le piège en acier.

Un tuberculeux cultivé, qui était revenu temporairement à la nature, avait pris pension dans la maison d'un ranch à plusieurs kilomètres de là. Alors qu'il était dehors en promenade à cheval, il découvrit la colonie et se résolut immédiatement à la dépeupler. Les castors ignorèrent son arsenal de pièges jusqu'au moment où il engagea les services d'un vieux trappeur dont les talents envoyèrent la plupart des castors à leur mort avant l'apparition des chatons couleur sépia sur les trembles. Dos-droit s'échappa.

Le raid dévastateur des trappeurs fut suivi d'une saison sèche et, durant la sécheresse, le propriétaire d'un ranch en bas de la montagne monta pour chercher de l'eau. Il creusa un fossé au bord de l'exutoire du lac et fit jaillir l'eau. Il partit vers sa maison d'une humeur joyeuse mais bien avant d'arriver, les « premiers ingénieurs » avaient bloqué son fossé. Durant les nuits et les jours suivants, le propriétaire du ranch fit de nombreux allers de sa maison au lac et quand il n'était pas dans le fossé, à jurer et à l'ouvrir, les castors étaient dedans pour le refermer et garder l'eau.

De temps en temps, je passais dans les environs pour voir cette lutte et, un jour, j'arrivai sur les lieux lorsque les castors terminaient de bloquer le fossé. Pendant un moment, les castors hésitèrent ; puis ils continuèrent en partie leurs opérations et apportèrent des matériaux jusqu'à l'endroit, mais sans jamais se montrer entièrement au-dessus de l'eau. Quand il apparut qu'ils devaient avoir assez de matériaux pour terminer de bloquer le fossé, j'avançai un tout petit peu plus près pour avoir une meilleure vue alors qu'ils positionnaient les matériaux accumulés. Pendant un moment, pas un castor ne se montra. Un castor âgé finit par sortir de l'eau, prétendant ne pas me remarquer et empila délibérément des choses ici et là jusqu'à ce qu'il fût satisfait de l'endiguement final du fossé. Cet acte était audacieux et vraiment héroïque. Ce héro, c'était Dos-droit.

Dans cette lutte avec le propriétaire du ranch, les castors persistèrent. Ils travaillèrent si efficacement qu'ils gagnèrent finalement et ils sauvèrent leurs maisons, face à une opposition qui semblait être impossible à vaincre.

Un peu après cet incident, quelqu'un qui cherchait à s'installer arriva et aimant l'endroit, il construisit une cabane dans un bosquet de pins près de la rive sud. Bien que ce fût un vieil homme aux cheveux grisonnants et sans famille, j'imaginais qu'il exterminerait les castors et je regardais ce voisin sans être capable de ressentir de l'amitié pour lui.

Plusieurs mois passèrent et je ne parvenais pas à lui rendre visite. Mais un jour, en passant, je l'entendis ordonner à un trappeur de déguerpir de là. Cet ordre fut accompagné d'une déclaration si forte de principes – avec un plaidoyer humain pour la vie de chaque animal sauvage – que je me précipitai de lui rendre visite ce soir-là.

Une après-midi dans un bosquet de pins, près du bord du lac, je tombai sur deux loups gris, tous les deux dévorant des castors qui avaient trouvé la mort en récoltant des trembles pour l'hiver. Le printemps suivant, j'eus un aperçu plus heureux de la vie dans la nature. À quinze mètres du lac se tenait la grande souche d'un pin qui se dressait à trois mètres au-dessus du sol. Sentant que je pouvais passer inaperçu si je m'asseyais en restant immobile sur la souche, je la grimpai. Bien que ce fût le milieu de la matinée, les castors sortirent du lac et déambulèrent, grignotant ici et là les quelques plantes vertes de ce début de printemps en avance. Ils ne me détectèrent pas. Ils semblèrent en fait bien s'amuser. Ce fut la seule fois que je vis jamais un castor complètement à l'aise et apparemment heureux sur la terre. Au milieu de leur bonheur, un troupeau de mouflons arriva et se mélangea à eux. Les castors s'arrêtèrent et regardèrent. De temps en temps, un mouflon regardait pendant quelques instants un castor ou reniflait l'air comme s'il n'aimait pas vraiment l'odeur des castors. En moins d'une minute, le troupeau se déplaça mais, juste alors que les mouflons se mettaient en route, un castor passa devant le mâle meneur qui fit semblant pour jouer de lui donner un coup de corne. Ce à quoi le castor ne prêta pas la moindre attention.

Durant le second été de l'homme qui s'était installé là, il termina d'élever le rebord de l'exutoire, de rendre l'eau plus profonde et de faire du lac un étang à poissons. Pauvre, il travaillait seul avec une brouette et une pelle. Les castors observaient évidemment la progression de son travail et chaque matin, leurs empreintes fraîches se voyaient dans la terre récemment empilée. Un peu avant que le barrage fût terminé, l'homme fut appelé et s'absenta quelques jours. À son retour, il fut surpris de découvrir que les castors avaient terminé son barrage ! La partie réalisée par les castors lui convenait aussi bien en hauteur qu'en longueur, il la recouvra alors de terre par-dessus et la laissa telle quelle. Son travail en retour fut inspecté et apparemment approuvé par les castors.

Combien de temps vit un castor ? Les trappeurs disent entre 15 et 50 ans. J'eus des aperçus de Dos-droit pendant 18 ans, et il devait avoir au moins 4 ans quand je l'ai rencontré la première fois. Cela lui donnerait un âge de 22 ans. Mais il aurait pu avoir six ans – il en avait l'air – le matin où il mena la première fois les émigrants jusqu'au lac Lily. Et il peut très bien avoir vécu quelques années après que je l'eus vu pour la dernière fois. Mais seulement quelques-uns parmi les castors peuvent réussir à vivre aussi longtemps que Dos-droit. La dernière fois que je le vis était le jour où il me défia et bloqua le fossé de drainage pour arrêter l'eau qui s'échappait.

Dos-droit avait disparu et le gentil vieil homme était parti pour son dernier long sommeil. Mais le lac continue d'être et ici se tient encore une maison de castors au milieu de lys des étangs.

Castor canadensis. Gauche : un castor enduit de boue la maison dans l'eau et un castor nage. Droite : un castor coupe un arbre sur la terre.

Chapitre 12
La colonie en hiver

Dans les montagnes de Medicine Bow, un jour de décembre, je tombai sur une meute de loups qui encerclaient une maison de castors. Les loups étaient en train d'essayer de s'introduire dans la maison. Apparemment, une neige d'automne en avance avait recouvert la maison et ainsi empêché les murs de la maison de geler. L'état mou des murs couplé avec la faim extrême des loups causa cet assaut. Deux des loups étaient en haut de la maison et donnaient des coups de griffes rapides. Lorsque les loups tombaient sur une grosse branche ou un bâton de bois dans les murs de la maison, ils les mordaient et les arrachaient furieusement. L'un des loups attrapait de temps en temps une branche qui résistait entre ses crocs et, se penchant en arrière, il secouait la tête et essayait de toutes ses forces de l'arracher. Plusieurs loups attendaient ; certains étaient assis avec impatience sur leur arrière train pendant que d'autres se déplaçaient, grognant et chassant les autres de quelques mètres pour être en retour eux-mêmes chassés plus loin. Peu avant que les loups ne me découvrent, plusieurs d'entre eux commencèrent à se battre sauvagement en haut de la maison.

Même s'ils s'étaient introduits dans la maison, ça ne leur aurait servi à rien car dans cette maison, comme dans toutes les vieilles colonies, il y avait des tunnels de sécurité qui partaient de la maison et qui se prolongeaient de l'étang jusqu'à la rive. Dans ces tunnels, les castors étaient en sécurité si jamais la maison était détruite. Bien que les animaux carnivores soient friands de chair de castor, ils prennent rarement la peine inutile de creuser jusque dans une maison. De temps en temps, un glouton ou un ours peut creuser dans une maison aux murs fins ou une maison qui n'a pas gelé, puis s'y introduire, s'y tenir à l'affût et essayer de capturer des castors pendant que les castors réparent le trou. Les castors sont davantage à l'abri de leurs prédateurs pendant l'hiver qu'à n'importe quel autre moment de l'année. C'est en faisant tomber un arbre loin de l'eau ou pendant qu'ils suivent un cours d'eau peu profond que la plupart des castors sont attrapés par les prédateurs ou les trappeurs.

Très souvent en hiver, j'ai rendu visite à une colonie de castors et passé un agréable moment. Un jour, quelques heures après une importante chute de neige, je sortis d'une forêt sombre et me tins pendant un moment au bord de l'étang couvert de neige. Autour se trouvaient des sapins et des épicéas de la forêt immobiles comme des statues, ils ressemblaient tous à des cônes pointus en neige. Autour de la petite plaine enneigée de l'étang, les saules s'étaient affaissés sous le poids de la neige et se tenaient ensemble la tête haute dans un silence pensif et content. Tout était serein.

Une piste de renard bien nette partait des bois vers la maison en ligne droite sur la surface enneigée de l'étang. La maison se tenait au milieu de cette étendue blanche et lisse. Ses empreintes de pas encerclaient la maison et montaient jusqu'en haut de la maison où ses empreintes dans la neige montraient qu'il s'était arrêté ici, vigilant. En descendant, il avait reniflé les pointes touffues de la pile de nourriture pour l'hiver qui sortaient de la glace, puis il avait traversé le barrage pour plonger dans les saules enchevêtrés et enneigés.

L'eau coulait toujours et descendait en gargouillant dans un toboggan emprunté par les castors. Le toboggan était recouvert de glace et de neige sauf à deux endroits où l'eau rapide jaillissait par intermittence d'un conduit gelé. Alors que j'étudiais la beauté des contreforts glacés qui renforçaient la structure près de l'un des conduits, un merle d'eau[17] s'avança et se posa presque à ma portée. Je me tins immobile. Après avoir secoué sa tête, il retourna dans le conduit. Il émergea du conduit le plus bas et se posa sur un bloc de roche recouvert de glace. Indifférent au ciel gris duquel des flocons tombaient ici et là lentement et malgré une température de moins 20°C, il chanta d'une voix basse et douce pendant plusieurs secondes.

---

17 NdT : le merle d'eau (*Cinclus mexicanus*), appelé aussi cincle d'Amérique, est un oiseau. Son plumage est gris ardoisé ou bleu ardoisé, ses pattes sont rosâtres. Dans l'eau, il nage avec ses ailes et rame avec ses pattes.

Les castors ne restent pas confinés dans une maison et un étang jusqu'à ce que le froid recouvre solidement l'étang d'une couche de glace. La glace commence à recouvrir l'étang vers le premier décembre mais la date dépend bien sûr dans une certaine mesure de la latitude, de l'altitude et des conditions météorologiques propres à chaque année. La plupart des castors retournent à leur ancienne colonie ou en fondent une nouvelle au premier septembre. Ils ont passé un été joyeux à jouer les nomades et s'installent avec plein d'énergie pour préparer la maison et le barrage et avoir une récolte de nourriture en réserve avant que l'hiver commence.

Mais ils ne sont pas toujours prêts. Des prédateurs ou des trappeurs peuvent les importuner, une eau basse peut les retarder ou un hiver inhabituellement tôt ou même une grosse chute de neige peut tellement les ralentir que malgré leurs plus grands efforts, la glace verrouille pour un temps l'étang et les enferme à l'intérieur pendant l'hiver sans assez de nourriture.

De bonne heure, un jour d'octobre, une chute de neige en avance sur la saison mit à l'épreuve plusieurs colonies près de chez moi. Heureusement, les étangs ne furent pas gelés en profondeur et ces colonies qui avaient des bois de trembles à proximité de l'eau réussirent à en faire tomber et à en traîner suffisamment pour avoir de la nourriture pendant l'hiver. Alors que la neige s'engouffrait et s'accumulait dans les bois, de nombreux arbres récoltés furent coupés du haut de bancs de neige. En abattant les arbres en haut des bancs de neige, les castors laissèrent des souches géantes. L'été suivant, plusieurs souches d'arbre se dressaient à 1,20 mètres au-dessus du sol et leur allure était frappante à côté des souches normales d'une hauteur de 40 centimètres.

L'une de ces colonies touchées par la tempête s'en sortit mal. Les castors furent obligés de parcourir une grande distance de l'eau jusqu'aux arbres et leur récolte trop maigre fut rassemblée au prix de certaines vies. Apparemment, à la fois des loups et des lions des montagnes découvrirent la situation difficile et malheureuse des castors qui récoltaient les arbres. Ils attendirent et se tinrent à l'affût pour attraper les castors qui piétinaient lentement et difficilement sur cette neige. Lors de l'hiver qui suivit, ces castors creusèrent un tunnel en bas du barrage – peut-être la partie la moins gelée du barrage – pour sortir chercher de la nourriture bien avant le dégel. L'eau s'échappa de l'étang et après que la glace fondit, le fond de l'étang exposé était lacéré et ravagé comme si les prisonniers de l'hiver avaient creusé, affamés, en quête de nourriture pour chaque racine et rhizome trouvés au fond.

En visitant des étangs au début de l'hiver, j'ai remarqué à de nombreuses reprises que, peu après que l'étang gèle solidement en surface, les castors creusent un trou dans le barrage juste sous la surface de l'eau. Ce trou abaisse le niveau de l'eau de cinq centimètres ou plus dans l'étang. Cette légère baisse de l'eau a-t-elle à voir avec l'aération de l'étang couvert de glace ou est-ce pour contrôler le gel en profondeur ou pour les deux à la fois ?

Dans la majorité des cas, les castors creusent ces trous dans des étangs qui ne reçoivent pendant l'hiver qu'un faible apport d'eau fraîche et douce. Naturellement, si de l'eau se déversait régulièrement dans les étangs, ils seraient mieux ventilés et gèleraient moins rapidement et moins profondément que ceux dont les eaux deviennent stagnantes. En évacuant de l'eau après que quelques centimètres de glace se sont formés, une poche d'air se forme et retarde le gel, même si la glace commence à tenir, et empêche ainsi que la glace forme une couche si épaisse. L'air entrant qui prend la place de l'eau évacuée reste sous la glace et peut ainsi aider les castors enfermés dans la maison et l'étang. Ce n'est seulement que dans quelques cas que j'ai vu des castors creuser ces trous dans des étangs qui avaient des tunnels souterrains – des tunnels creusés au fond de l'étang qui longent la maison et remontent au-dessus du niveau de l'eau jusque sous la rive. Dans quelques cas, des castors sortaient de ce trou, coupaient et mangeaient quelques branches, puis retournaient à l'intérieur et refermaient le trou derrière eux. Deux fois, des castors utilisèrent le trou qu'ils avaient creusé comme une sortie de secours pour s'échapper de l'étang et aller vers d'autres colonies. Dans le premier cas, les castors entraient dans l'étang de l'autre colonie en faisant un trou dans le barrage. Dans l'autre cas, ils entraient dans l'étang par un tunnel souterrain. Bien que ces trous qui abaissent le niveau de l'étang aient peut-être à voir avec la ventilation de l'air ou soient peut-être un moyen de contrôler le gel, mes observations ne sont pas assez nombreuses pour des conclusions finales.

La sentence d'être confiné pendant un tiers de l'année pour un animal qui respire de l'air et utilise de l'eau pure est simplement l'une des façons étranges que la nature a de fonctionner. Pendant que l'hiver dure, un castor doit passer son temps soit dans l'obscurité, soit dans une maison mal aérée ou dans l'eau de l'étang. Apparemment, il ne dort pas beaucoup et dormir l'ennuie sans doute. Aucune nouvelle, aucun visiteur et apparemment rien à faire ! Pourtant un castor a de la nourriture et avec les dangers qui l'entourent au-dessus du toit de verre qu'est devenue la surface gelée de l'étang, il est bien protégé.

Bien que l'étang soit généralement recouvert de neige ou que la glace soit tapissée de bulles d'air, j'ai pu voir clairement à travers la glace à de nombreuses reprises et ainsi observer et profiter de tout ce qui se passait dedans, aussi parfaitement que si je regardais des poissons ou des tortues à travers les parois en verre d'un aquarium. J'ai souvent regardé attentivement à travers la glace qui recouvrait l'endroit le plus visité d'un étang de castors pendant l'hiver : la zone entre l'entrée de la maison et la pile de nourriture. La finesse de la glace au-dessus de cet endroit était maintenue par une source d'eau qui arrivait d'en bas. Les castors s'étaient si bien organisés qu'ils tiraient le meilleur parti de cette eau gelée superficiellement. Bien sûr, la plupart des étangs sont sans source.

De nombreuses fois, j'ai vu un castor sortir de l'entrée de sa maison et nager vers la pile de nourriture avec les mains contre la poitrine. Arrivé à la pile de nourriture, s'il n'y avait rien d'assez petit ou d'assez court, il se mettait au travail et rongeait le bois. Il rapportait le bout de bois qu'il avait rongé jusqu'à l'intérieur de la maison, soit entre ses mains ou entre ses dents. Après, un castor – le même, je suppose – sortait de la maison et jetait au fond de l'étang le bout de bois complètement décortiqué duquel l'écorce avait été mangée.

Quand il n'y a rien d'autre à faire, le castor sort apparemment dans l'étang quelques fois par jour pour nager. Quand il nage, il s'élève des fois jusqu'à la couche de glace et il expire avec son nez contre la glace. Après être resté le nez à cet endroit quelques secondes, l'action des bulles d'air indique qu'il inspire l'air pur et frais.

Les castors extirpent souvent des rhizomes de lys d'eau au fond de l'étang. D'autres fois, les castors mangent les tiges de plantes qui poussent dans l'eau ou déterrent des racines de saules ou d'autres racines au bord de l'étang. On trouve souvent des truites dans l'eau près de l'entrée d'une maison de castors ou autour de la pile de nourriture. Le castor donne sans doute des petits bouts de nourriture que les truites aiment. De temps en temps, des larves tombent des trous présents dans le bois dont le castor a mangé l'écorce. Pendant que les castors creusent dans le fond de l'étang, ils déterrent certainement des restes de nourriture qui sont appréciés des truites puisque celles-ci rôdent souvent en nombre autour de l'eau boueuse que les castors agitent en creusant.

Bien qu'il semble que les castors passent des hivers ennuyeux avec peu à faire si ce n'est manger, dormir et nager, il est probable qu'ils consacrent une partie de leur temps à travailler. C'est en hiver qu'ils réalisent en partie des tunnels ou des canaux au fond de l'étang. C'est pendant que l'étang était recouvert de glace que j'ai découvert qu'ils prolongeaient des canaux au fond de l'étang et qu'ils construisaient des tunnels sous-marins.

Des fois, le barrage fuit et il doit être réparé de l'intérieur sous la glace qui recouvre l'étang. Les dégels en avance et les crues du printemps détruisent parfois un barrage de façon irréparable ou font d'importants dégâts sur la maison ou sur le barrage au moment où leurs prédateurs sont également les plus amincis. La maison et le barrage sont parfois détruits quand les cours d'eau sont si bas et si gelés qu'il devient dangereux voire impossible pour un castor de se déplacer dans l'eau devenue glace. Je connais deux colonies de castors qui furent ensevelies sous des avalanches et disparurent.

Le barrage est en de rares occasions détruit par les embâcles d'un printemps tardif avec des morceaux de glace qui obstruent l'eau. Des fois, des blocs de glace s'empilent sur le barrage et élèvent l'eau de l'étang à une telle hauteur que l'eau s'élève dans la maison et les castors doivent fuir. Quelques maisons de castors sont situées dans des endroits où la glace et les crues du printemps peuvent élever l'eau bien au-dessus du niveau habituel car elles sont façonnées de telle façon à faire face à ce problème. La maison est construite plus haute et la pièce interne est deux fois plus haute qu'à l'accoutumée. Ainsi, il y a de l'espace pour que le castor construise un « lit plate-forme » sur le sol et s'élève ainsi de 30 centimètres ou plus que le niveau habituel. Malgré avoir pris la peine de faire tout ça, les crues réussissent des fois à repousser les castors jusqu'au toit de la maison.

En faisant des provisions de nourriture et avec l'aide d'un étang artificiel, d'un canal et d'une maison, le castor peut passer l'hiver sans manquer de rien, avec confort et avec une plus grande sécurité que ses voisins. Les vents peuvent souffler, une bourrasque de neige ou des branches qui s'envolent peuvent mettre en danger ceux dehors ; la neige peut enterrer la nourriture d'un oiseau ou d'un cerf et rendre les déplacements des animaux lents et difficiles, les animaux deviennent alors des proies faciles ; le froid peut geler et parsemer la nature de formes amincies et gelées ; mais le castor sous la glace et son abri passe sereinement ses journées avec confort et sécurité.

L'hiver avec ses journées longues ou courtes ne termine cependant jamais assez tôt pour convenir aux castors. Ils sortent de l'étang au plus tôt, dès que le dégel le permet. Si leur entrée souterraine est bloquée par la glace et que la nourriture est épuisée, ils font parfois des trous en bas du barrage pour s'échapper de l'étang gelé.

Apparemment, les castors creusent aussi ce genre de trous dans le barrage ou alors ils scindent en deux le barrage jusqu'en bas dans l'objectif de drainer complètement l'étang. Comme les castors semblent le plus souvent drainer l'eau quand les étangs sont remplis d'une eau stagnante ou presque stagnante, drainer l'eau fait probablement partie du travail sanitaire que les castors réalisent dans le but de retirer l'eau croupie et crasseuse et aussi de stériliser grâce au soleil et au vent le fond de l'étang qui s'est dégradé.

Ce sont les conditions qui déterminent quand le barrage est de nouveau réparé et l'étang de nouveau rempli. Dans certains cas, c'est fait après un laps de quelques semaines et dans d'autres cas, pas avant l'automne. Les étangs qui sont traversés par de larges cours d'eau n'ont pas besoin d'être vidés mais, de temps en temps, ils le sont accidentellement : certaines colonies de castors sont désertées en été et tombent ainsi temporairement en déclin.

À la fin de l'été ou au début de l'automne, les castors se rassemblent à l'endroit où ils passeront l'hiver. Il y a les patriarches, les jeunes et ceux dans la fleur de l'âge. Autour de l'ancienne maison, de nombreux castors se retrouvent, des castors qui étaient partis d'ici quand les violettes étaient en fleur, quand l'herbe était de sa couleur la plus verte et quand les couples d'oiseaux construisaient leur nid. Durant l'été, quelques-uns sont morts pendant que d'autres ont rejoint d'autres colonies établies. Certains des jeunes ont pris leur indépendance et ont commencé une vie dans un nouveau lieu en fondant une nouvelle colonie. De nouveau, le barrage est réparé, la maison restaurée ; de nouveau, la récolte est empilée près de la maison ; de nouveau, une famille primitive de bâtisseurs de maisons s'installe dans une hutte que des mains enthousiastes ont façonnée. De nouveau, l'étang gèle ; de nouveau, la neige tombe sur une maison qui se tient dans une vallée où d'innombrables générations de castors ont vécu des hivers pris dans les glaces et des saisons heureuses au fil des changements.

Maison et étang en début d'hiver : le gel et la neige s'installent progressivement sur la surface de l'étang ainsi que sur la maison.

Maison et étang en hiver : la neige a recouvert tout l'étang et la maison. La maison ressemble à un petit monticule de neige. Des empreintes d'animaux sauvages se profilent sur la surface enneigée de l'étang. La neige est essentielle aux castors : quand elle recouvre la surface gelée de l'étang, elle ralentit la progression de la glace dans l'étang.

Haut : castor sur des plaques de glace. Bas : castor sur la neige.

Chapitre 13
Le tout premier conservationniste

« Travailler comme un castor » est une expression quasi universelle pour parler de persévérance, d'énergie et d'intelligence. Mais qui réalise l'ampleur des ouvrages du castor ? Ce qu'il a accompli est non seulement monumental mais aussi utile pour l'homme. Il a été le tout premier conservationniste. On pourrait écrire un livre précieux et intéressant sur la façon dont la terre et les sols sont positivement altérés par le travail des castors. Le castor est intimement associé aux ressources naturelles, à la terre et à l'eau. Son travail n'est pourtant pas fini et sa présence sera toujours nécessaire le long des sources d'innombrables cours d'eau pour préserver la terre et les sols, réguler les ruisseaux, maintenir les eaux et fournir des piscines aux poissons.

Les castors œuvrent pour la conservation de l'environnement par le biais des barrages qu'ils construisent en travers des cours d'eau et des étangs ainsi formés. Ces barrages et ces étangs rendent un certain nombre de services : premièrement, ils préservent la terre et conservent les sols ; deuxièmement, ils endiguent l'érosion ; troisièmement, ils limitent les dégâts causés par les crues ; quatrièmement, ils font des réserves d'eau et aident à maintenir un débit d'eau ; cinquièmement, ils fournissent des points d'eau aux poissons ; et sixièmement, ils sont utiles pour maintenir des voies navigables sur l'eau en réduisant les deux extrêmes, une eau trop élevée et une eau trop basse, et aussi en réduisant la quantité de sédiments transportés dans les canaux fluviaux et les rivières.

J'appréciais déjà les façons de faire de « nos premiers ingénieurs » avant de m'apercevoir que leurs ouvrages pouvaient être utiles aux hommes, et que les castors, grâce à leur gestion constructrice des ressources naturelles, pouvaient être à juste titre appelés des conservationnistes. Pendant un hiver sec, le ruisseau de la colonie de la Moraine tomba à un faible niveau et gela jusqu'au fond. Les seules truites à l'intérieur qui survécurent furent celles dans les profonds bassins formés par les étangs de castors. Ces étangs de castors offrent de nombreux avantages pour la prolifération des poissons. Une quantité de nourriture que les poissons consomment est transportée jusque dans ces étangs. En fin de compte, un étang de castors est un lieu d'habitation formidable pour les poissons.

Par une journée grise, alors que j'étudiais une colonie de castors, voilà que je vis encore un exemple de l'utilité des étangs de castors. La petite pluie de deux jours se termina en une pluie diluvienne – un déluge sur le flanc de la montagne à un kilomètre et demi en amont. Il n'y avait presque rien sur cette montagne, que ce soit pour absorber ou retarder l'excès d'eau qui se déversa rapidement dans le cours d'eau plus bas. Inondant le lit du cours d'eau au-dessus de l'étang de castors, l'excès d'eau arriva comme une avalanche en rugissant – un déferlement d'eau – avec la partie avant jonchée de déchets et haute d'un mètre et demi. En entrant dans l'étang, le déluge d'eau prit de l'ampleur et déborda considérablement de chaque côté de l'étang tandis que le front de l'eau, ayant grandement baissé, se précipitait par-dessus le barrage. Une demi-douzaine d'étangs directement en dessous suffirent à contrôler la vitesse de ce déluge d'eau et réduisirent ainsi grandement son volume, de telle sorte que l'eau qui se déversa sur le dernier barrage de cette colonie n'était plus du tout une crue.

    La régulation du débit d'eau est importante. Il y a seulement quelques jours pluvieux par an, et toute l'eau qui se jette dans la mer en passant par les rivières tombe pendant ces quelques jours de pluie. Dès l'instant que l'eau touche la terre, elle est précipitée au loin par gravité et, à moins qu'il n'y ait des éléments pour retarder ce ruissellement, les rivières contiendraient naturellement de l'eau seulement pendant les jours pluvieux et un peu après. Un barrage et un étang de castors forment ensemble un élément essentiel pour maintenir les cours d'eau et réguler leur débit d'eau. L'étang est un réservoir qui attrape et retient une partie de l'eau entrant dedans pendant les jours de pluie et il ralentit aussi le débit d'eau dedans. Un étang de castors est un réservoir qui fuit, une sorte de source d'eau et, s'il est plein d'eau pendant les jours de pluie, les fuites du réservoir aideront à maintenir un débit d'eau minimum dans les cours d'eau par temps sec. Les ouvrages des castors tendent ainsi à distribuer aux cours d'eau une quantité modérée d'eau chaque jour. En d'autres termes, ils répartissent ou distribuent l'eau de quelques jours de pluie tout au long de l'année.

Une rivière qui coule continûment toute l'année a une valeur inestimable pour l'humanité. Si des inondations ou des crues balayent la rivière, elles créent des dégâts. Si l'eau diminue, les rouages d'un bateau à vapeur ou d'une usine cessent de fonctionner. Et le lit d'une rivière à sec se traduit à la fois par des dégâts et des morts. De nombreuses colonies de castors seraient utiles le long des sources d'innombrables cours d'eau qui s'élèvent dans les collines et les montagnes pour équilibrer le débit de ces cours d'eau. J'espère et je crois que d'ici quelques années, chaque ruisseau rapide qui coule librement et qui jaillit d'un grand bassin versant sera régulé via un bel étang créé et maintenu par notre ami patient et persévérant, le castor.

Dans l'Ouest, les castors sont particulièrement utiles au niveau des sources des cours d'eau où leurs étangs stockent l'eau des crues qui pourra être utilisée plus tard pour des réserves d'eau ou pour l'irrigation. Il y a un certain nombre de régions dans le Nouveau-Mexique, le Dakota du Sud et ailleurs dans l'Ouest où les castors reçoivent une protection maximale : ils sont protégés et encouragés par des éleveurs dont les troupeaux bénéficient de l'eau mise en réserve dans les étangs de castors, ce qui est bien pratique. Quelques compagnies d'électricité dans le pays ont commencé à stocker avec l'aide des castors l'eau des bassins versants pour leur besoin en eau. Ces compagnies ont compris que ces petits conservationnistes construisent d'innombrables petits étangs et réservoirs d'eau.

Un cours d'eau dissout et érode les matières terreuses avec lesquelles il rentre en contact. La présence d'un étang de castors et d'un barrage en travers d'un cours d'eau rapide empêche l'usure des sols et l'entraînement de ces matières au loin. L'étang et le barrage empêchent non seulement l'érosion et l'usure des sols mais ils prennent aussi la terre et les sédiments de l'eau que celle-ci transporte, créant ainsi une accumulation de ces matières. Ainsi, la présence des étangs de castors le long des cours d'eau cause une accumulation de sédiments et de terre. Avec le temps, les sédiments et la terre remplissent les canaux rocheux, élargissent et allongent les vallées et étendent ainsi la surface productive de la terre.

Les étangs de castors sont des bassins de sédimentation et dedans se déposent les matières les plus lourdes apportées par le cours d'eau. Avec le temps, l'étang se remplit de sédiments et si les castors n'élèvent pas la hauteur du barrage, les matières terreuses accumulées dans l'étang se recouvrent de fleurs et de forêts.

Sur les cours supérieurs et les sources de la rivière Arkansas dans le Colorado, des exploitants de gisements alluviaux trouvèrent de l'or parmi les sédiments d'un étang peuplé par des castors. En lavant les sédiments déposés dans l'étang de castors, ils mirent au jour une quantité énorme de matières libres en dessous qui avaient apparemment été empilées ici par l'action des glaces. Il fut découvert que ces matières, une fois retirées, gisaient dans un ancien étang de castors situé à neuf mètres de profondeur sous l'étang actuel en surface.

Il y a quelques siècles, on trouvait des millions d'étangs de castors en Amérique du Nord. Une grande partie de ces étangs ont depuis longtemps été remplis de sédiments. Depuis, d'innombrables autres étangs ont aussi été formés et remplis. Cette conservation et cette répartition de la terre et du sol continuent encore n'importe où il y a un étang de castors.

Une très grande partie des terres labourables les plus riches de la Nouvelle-Angleterre furent formées par les ouvrages artificiels des castors. Des centaines de vallées dans le Kansas, le Kentucky, le Missouri, l'Illinois et d'autres États doivent leur terre fertile aux ouvrages de castors qui ont réparti la terre au fil des générations. Dans les États du Sud et dans les montagnes de l'Ouest, le nombre de prairies de castors est incalculable. La surface totale de cette terre riche et fertile aux États-Unis pour laquelle nous sommes redevables aux castors est inimaginable et s'élève probablement à des millions d'hectares.

Les castors ont ainsi préparé le terrain pour les forêts et les prairies, les vergers et les champs, les étendues de céréales, les maisons et les écoles. À l'âge d'or des castors, leurs innombrables colonies étaient dispersées sur tout le continent. Ces êtres primitifs rassemblaient alors leur récolte d'arbres. D'innombrables étangs de castors, dont les eaux luisaient alors partout au soleil, se remplirent graduellement de sédiments amenés par les cours d'eau puis les étangs disparurent sous la terre. Des avenues d'ormes s'arquent maintenant à l'endroit où les saules s'affaissèrent dans l'ancien lit de l'étang, et un village peuplé se tient maintenant sur le siège d'une ancienne colonie de castors primitive et oubliée.

Un castor en vie est plus précieux pour l'humanité qu'un castor mort. Alors que des trappeurs partout dans le pays attrapent occasionnellement un castor, il est probable qu'il y a encore des castors qui errent, dispersés, le long des cours d'eau, du niveau de la mer jusqu'à la limite des arbres à 3660 mètres d'altitude. Ces castors restants seront peut-être exterminés ; mais si protégés, ils se multiplieraient et coloniseraient les sources des cours d'eau. Ils préserveraient ici l'environnement. Leur présence réduirait l'appropriation des havres et des rivières et rendrait les rivières plus faciles à gérer, plus utiles et plus belles. Il serait payant de maintenir les colonies de castors sur les hauteurs. Les castors aideraient à garder l'Amérique belle. Une colonie de castors dans la nature apporte une touche de vie, un côté mystérieux et un charme rare à la nature. Le travail des castors et leurs ouvrages ont toujours énormément intéressé l'esprit de l'homme. Les ouvrages des castors peuvent faire pour les enfants ce que les écoles, les sermons, les camarades et même parfois la maison échouent à faire : développer la capacité à penser. Aucun enfant, garçon ou fille, ne peut pleinement comprendre les habitudes et les ouvrages de ces êtres primitifs sans avoir les yeux ouverts pour l'observation et sans acquérir un intérêt permanent pour le vaste monde dans lequel nous vivons. Une race qui donne naissance à des parents aussi nobles que ceux des castors du Grand Canyon qui donnèrent leur vie en espérant ainsi sauver leurs enfants est nécessaire sur cette terre. Les castors sont l'Abou-ben-Adhem de la nature. Puisse leur tribu s'accroître !

Castor sur la terre ferme

Castor en train de marcher

Castor qui mange l'écorce d'un tronc

Castor qui grignote une brindille dans l'eau

Partie 2

Autres récits sur les castors

Partie 2
Autres récits sur les castors

Traduit de l'américain par A. R. Béhuret

Paru sous les titres originaux

Voyager avec un castor
« Travelling with a Beaver » paru dans
Waiting in the Wilderness, 1921

Sécheresse dans le monde des castors
« Drought in Beaver World » paru dans
The Rocky Mountain Wonderland, 1915

La persévérance des castors
« The Persistent Beaver » paru dans
Watched by Wild Animals, 1922

Reconstruire une colonie de castors
« Rebuilding a Beaver Colony » paru dans
Watched by Wild Animals, 1922

Famine chez les castors
« Famine in Beaver-Land » paru dans
Watched by Wild Animals, 1922

Le castor et ses ouvrages
« The Beaver and his Works » paru dans
Wild Life on the Rockies, 1909

Copyright © Enos A. Mills pour le texte original.
Copyright © Justine A. R. Béhuret, 2017 et 2018, pour la traduction française sous le nom de A. R. Béhuret.

Chapitre 14
Voyager avec un castor

Un été, dans le Montana, un trappeur me donna un tout jeune castor. C'était une petite créature maline, couverte d'une douce fourrure brune avec un visage rond et innocent. Son corps était dodu et sa queue était plate et minuscule. Pendant que je discutais avec le trappeur, le petit castor s'efforça de montrer ses exploits en coupant méthodiquement un saule qui était de la taille d'un crayon à papier.

Je voyageais avec un cheval de bât dans les grands espaces, suivant l'ancien sentier de Lewis et Clark à travers les montagnes et je le pris avec moi. Mon sac de couchage et mes provisions ne prenaient pas beaucoup de place sur le cheval. Avec un paquet de chaque côté du bât, il restait assez de place dans le creux au-dessus pour le petit castor. Je l'enveloppai dans mon vieux manteau et seule sa tête sortit d'une manche. Enveloppé ainsi, il ne pouvait pas glisser de la manche et tomber, et j'avais fixé le bas du manteau sous les cordes du paquetage. Bien que le cheval avançât lentement et que le trajet fût monotone, je ne vis jamais le castor s'endormir sur le cheval, mais il était possible qu'il dormît quand je ne regardais pas. Généralement, quand le cheval s'arrêtait, le petit castor se redressait de toute sa hauteur et regardait autour de lui. Des fois, il protestait, en général quand le cheval s'éloignait de moi et partait sous des branches basses ou des saules enchevêtrés les uns dans les autres.

Chaque matin, dès que j'amenais le cheval, il s'approchait et observait les préparatifs pour le départ. Bien avant que je fusse prêt à le soulever sur les paquets, il se redressait sur ses pattes arrière, s'étirait de toute sa hauteur et griffait rapidement l'air avec ses pattes avant, grognant, gémissant et suppliant d'être soulevé jusqu'aux paquets.

Tous les soirs, on campait près d'un cours d'eau. Le petit castor s'amusait à jouer, à nager et à plonger dans l'eau. Quand il jouait, il plongeait si souvent que je finis par lui donner le nom de Plongeur. Il apprit rapidement son nom et ne manquait jamais de venir quand je l'appelais ou quand je le sifflais. Ses pieds étaient palmés comme les pieds d'un canard tandis que ses mains ressemblaient plus à celles d'un singe. Souvent, il peignait soigneusement son poil avec ses griffes de devant.

Quand Plongeur jouait seul, il passait plusieurs minutes d'affilée à jouer avec des camarades de jeu imaginaires. Il faisait la course ou s'amusait à se battre avec eux et de temps en temps, il anéantissait tout simplement l'ennemi imaginaire. Il s'engageait dans de sérieux travaux de construction. Il coupait quelques petites brindilles, les rongeait en sections et construisait avec un tout petit barrage. Des fois, les brindilles étaient empilées dans l'eau comme si elles étaient stockées pour la réserve de nourriture pour l'hiver.

L'alimentation de Plongeur consistait en de l'écorce – habituellement de l'écorce de tremble – bien qu'il mangeât souvent l'écorce de saule, de bouleau ou d'aulne. De temps en temps, il mangeait une bouchée d'herbe ou un champignon, tirait une racine ou grignotait les lys d'étang dans l'eau. Plusieurs fois, je le persuadai d'examiner un petit pin. À chaque fois, il releva le nez en l'air et renifla comme s'il détestait l'odeur âcre. Je ne réussis pas à lui faire ronger et manger des pins, des épicéas ou des sapins.

Pour couper des arbres ou des branches, Plongeur utilisait ses quatre dents de devant. Elles étaient aussi fines que des ongles mais leur bord était tranchant. Je ne réussis jamais à compter au juste combien de dents Plongeur avait parce qu'il refusait toujours que j'examine sa bouche. Mais un castor adulte possède vingt dents. Les dents d'un jeune castor sont presque blanches mais celles d'un castor plus âgé sont presque oranges, visiblement tachées par l'acide des trembles et des saules qu'il a coupés.

Plongeur était si jeune quand le trappeur le captura qu'il pouvait à peine se souvenir de sa propre espèce. Les premiers castors qu'il vit se trouvaient dans un étang, à peut-être dix mètres de nous. Il resta immobile et les regarda pendant plusieurs secondes avec un visage quasi inexpressif. Puis il partit à leur rencontre, marchant à son allure habituelle.

De temps en temps, on campait près d'un étang de castors et

souvent, d'autres jeunes castors jouaient avec Plongeur. De temps à autre, il traversait l'étang à la nage pour aller voir un autre castor. Il semblait être le bienvenu et bien que, parfois, les castors plus âgés semblassent indifférents aux visites de Plongeur, ils ne firent jamais rien pour le chasser. Aussi étrange que cela pût paraître, Plongeur ne montra jamais le désir de rester avec les siens. Il s'attardait rarement avec eux plus de quinze ou vingt minutes et il venait toujours immédiatement quand je l'appelais.

De bonne heure, une après-midi, on établit notre campement près d'un large ruisseau. Plongeur s'amusa pendant un petit moment dans l'eau, puis il sortit sur le sable de l'autre côté du ruisseau. Je m'assis sur un tronc au sol à quelques mètres de l'eau et l'observai. Il déterra deux ou trois jeunes plantes de la vigne d'Oregon et les mangea entièrement avec leurs racines. Pendant qu'il cherchait quelque chose de plus à manger, un coyote fila de derrière un bloc rocheux, droit sur lui. Poussant un cri, comme celui d'un enfant effrayé, il esquiva le coyote, plongea dans l'eau et nagea, hors de vue. Il ressortit de l'eau de l'autre côté du ruisseau, là où j'étais, se précipita vers moi et se dépêcha de se cacher entre le tronc où j'étais assis et mon manteau que j'avais suspendu par-dessus.

Bien qu'il n'y eût aucune maison de castors à proximité et qu'aucun castor ne fût en vue, dans la minute qui suivit, trois castors apparurent, l'un en amont du ruisseau, les deux autres en aval. Ils nagèrent avec précaution et regardèrent attentivement autour d'eux. Seuls leurs yeux et leur nez dépassaient de la surface de l'eau. À cet instant, un castor sortit de l'eau et se dandina dans les environs, reniflant l'endroit où Plongeur avait déterré des plantes plus tôt. Un autre castor arriva sur la rive à l'endroit où Plongeur était sorti de l'eau. Alors qu'il venait vers moi, ses yeux semblèrent lui dire que je faisais partie du tronc mais son nez déclara qu'un danger était tout près. Je restai assis et immobile. Après trois ou quatre tentatives hésitantes de battre en retraite, il trouva le courage et se redressa de toute sa hauteur sur ses pattes arrière et sa queue pour me regarder attentivement. La tête bien redressée et les pattes avant abaissées, il continua de me fixer pendant plusieurs secondes, puis il poussa un sifflement bas. En l'entendant, Plongeur s'avança de derrière mon manteau. Le vieux castor commença à s'avancer pour aller à sa rencontre mais en s'approchant plus près, il prit peur en me voyant, pivota rapidement sur lui-même et plongea dans l'eau, frappant l'eau de sa queue alors qu'il disparaissait. Immédiatement, deux ou trois autres ploufs suivirent, les castors claquant leur queue contre la surface de l'eau. Apparemment, les castors qui étaient venus en réponse au cri de Plongeur étaient maintenant en train de battre en retraite.

Chaque nuit, Plongeur dormait au sol, sous la toile sur laquelle je posai mon sac de couchage. Il prenait place près de ma tête et souvent, je tendais la main vers lui, la posais sur lui et lui parlais. Il bougeait rarement la nuit à part quand je me levais du sac de couchage pour vérifier le feu ou pour jeter un coup d'œil au cheval. Les loups hurlaient, les coyotes s'approchaient et glapissaient mais Plongeur semblait penser que tout allait bien et qu'il était en sécurité aussi longtemps que je restais tranquille ou immobile.

Une après-midi, j'entendis le cri strident de Plongeur et je sus qu'il était en danger. On avait établi notre camp tôt cette journée-là et il était parti nager loin en amont dans le cours d'eau. Au retour, il sembla être sorti de l'eau pour traverser une bande de terre autour de laquelle le cours d'eau circulait. Ce fut à ce moment qu'il fut attaqué par un lynx mais il réussit à s'échapper dans l'eau. Le lynx avait évidemment essayé à plusieurs reprises de l'attraper. Des traces d'eau sur des troncs renversés au sol montraient que le lynx avait évolué d'un côté à l'autre, rentrant de temps en temps dans l'eau. Plongeur s'était débrouillé seul jusqu'à ce qu'il fût épuisé de ses efforts ou devînt effrayé. Il avait alors appelé à l'aide. Il resta tout près de moi tout le long du chemin du retour jusqu'au camp.

Chaque jour, on voyait des maisons de castors, des étangs et de nombreux endroits où les castors avaient abattu des trembles et des peupliers. Les arbres coupés faisaient en général entre 7 et 20 centimètres de diamètre. Mais certaines souches faisaient entre 30 et 40 centimètres de diamètre. La plupart de ces arbres avaient été coupés pour la nourriture. De nombreux morceaux de bois coupés dont l'écorce avait été mangée reposaient en haut et en bas de chaque barrage. Évidemment, de nombreux arbres coupés avaient été utilisés pour la construction de nouveaux barrages et de nouvelles maisons, mais la plupart qu'on voyait servait de nourriture.

La grande majorité des maisons de castors se tenaient dans l'étang comme de petites îles. Quelques-unes se tenaient en partie sur la rive de l'étang avec un côté dans l'eau. Dans deux ou trois colonies, on ne réussit pas à trouver de maison. En général, quand la rive était caillouteuse mais pas rocheuse, les castors avaient un terrier dans la rive. Le terrier se situait entre 60 et 90 centimètres sous terre et à plusieurs mètres de l'eau. Le passage dans le terrier se faisait par un tunnel ou un trou d'environ 30 centimètres de diamètre et de plusieurs mètres de long avec un seul accès – une seule ouverture ou une seule entrée en d'autres termes – situé à 30 ou 60 centimètres sous l'eau de l'étang. Étant bien en dessous de la surface de l'eau, l'ouverture ne se refermait pas par la glace lorsque l'étang gelait. Comme l'accès au terrier n'était pas bloqué par la glace, les castors pouvaient entrer et sortir de leur terrier situé sous la surface de la rive en passant par l'eau de leur étang, même au milieu de l'hiver quand la surface de l'étang gelait.

Un soir, quelque temps avant, on campa près d'un étang de castors au coin duquel se trouvait une maison de castors temporairement abandonnée. Jusqu'à présent, Plongeur n'avait pas encore vu de castor ou de maison de castors. Pour voir ce qu'il ferait en découvrant la maison, je le portai dans mes bras et le plaçai en haut de la maison. Il fut évidemment intéressé par l'odeur qui s'élevait à travers le haut de la maison à moitié enduite. Il posa son nez en haut, renifla puis eut l'air d'essayer de regarder à l'intérieur entre les bâtons de la maison. Il descendit finalement jusqu'au coin de la maison le plus éloigné et plongea dans l'eau. Après avoir nagé pendant un moment, il plongea sous l'eau et remonta à l'intérieur de la maison par l'entrée sous l'eau. Ce fut probablement par accident qu'il était entré par là et une fois à l'intérieur de la maison, il fut naturellement intéressé par l'odeur de son espèce. Après être resté pendant un petit moment, il repartit en arrière, sortit de la maison par le bas, remonta à la surface de l'eau et sortit de l'eau. Il grimpa sur la maison et il se mit de nouveau à renifler le haut. Après ça, il repartit dans l'étang pour nager encore et n'accorda plus la moindre attention à la maison.

Plongeur aimait visiblement contempler mon feu de camp. Souvent, le soir, il se couchait et regardait le feu pendant une heure d'affilée. Certaines fois, je faisais exprès le feu de camp près du cours d'eau ou de l'étang près duquel on campait. Plusieurs fois, d'autres castors s'approchèrent du bord de l'eau. Ils sortaient la tête de l'eau et restaient là pendant plusieurs minutes à regarder le feu. Je me déplaçais souvent aux alentours pour voir ce qu'ils feraient. Généralement, ils ne m'accordaient pas la moindre attention à moins que je ne m'approchasse à un mètre d'eux. La présence de Plongeur les avait peut-être davantage rassurés que d'ordinaire. J'ai de nombreuses fois entendu de la bouche des trappeurs que les castors sont captivés par les feux de camp.

La queue d'un castor est un appendice extrêmement utile. Elle est couverte d'une peau sombre et ressemble quelque peu à du caoutchouc foncé. Plongeur glissait des fois sa queue sous lui et s'asseyait dessus comme si c'était un siège. Des fois, quand il se levait, il s'en servait comme d'un support pour se redresser sur ses pattes arrière. En nageant, il la tournait de temps en temps sur le côté et s'en servait comme d'une rame. Dans l'eau, la queue lui servait de gouvernail dès qu'il en avait besoin. Mais quand il était hors de l'eau, en train de marcher, il avait l'air de traîner sa queue au sol comme si elle ne faisait plus partie de son corps, bien qu'elle fût attachée à lui. Quand il se reposait, il inclinait généralement sa queue sur le côté et la repliait contre lui. Une fois, il passa la queue entre ses pattes, ramassa de la boue et l'emporta jusque sur un petit tronc d'arbre tombé à côté. Une autre fois, je le vis transporter deux petits bâtons qu'il maintenait coincés entre sa queue et son ventre.

Quelques jours avant que je donne Plongeur, je le plaçai dans un étang de castors puis grimpai sur un arbre et m'installai sur une longue branche qui s'étendait au-dessus de l'eau. J'étais à peine installé en haut de l'arbre quand plusieurs castors reprirent le travail qu'ils faisaient avant que je n'arrive. Trois jeunes castors jouèrent avec Plongeur dans l'eau. Dans mon enthousiasme à voir ce qu'il se passait, je me penchai trop en avant. La branche sa cassa et en tombant avec la branche dans l'étang, une bonne partie de l'eau déborda sur la rive.

À la fin de mon voyage, Plongeur devint l'animal de compagnie de deux enfants de pionniers sur la rive de la rivière Snake. Pendant les premières semaines, les enfants gardèrent Plongeur dans la maison. Mais il faisait clairement trop chaud pour lui dedans et enfin, ils lui firent un couchage en paille qu'ils placèrent dans une petite niche pour chien à l'extérieur, juste à côté de la porte d'entrée. Il aimait passer la nuit dans la niche mais il insistait fréquemment pour qu'on le fît rentrer à l'intérieur de la maison. La rivière était à moins de quinze mètres. Il fit de nombreux allers-retours jusqu'à la rivière pour nager et plonger. Les enfants allaient souvent avec lui. Au bout d'une heure, ils s'asseyaient sur la rive et le regardaient ou jouaient avec lui en lui jetant des bâtons dans l'eau. Plongeur partait nager dans l'eau les chercher et il les rapportait sur la rive.

Plongeur suivait souvent les enfants dans les environs quand ils allaient dans les bois et s'éloignaient de la rivière. Les enfants marchaient toujours trop vite pour lui. Alors qu'il se dépêchait de partir à leur suite, essayant de suivre leur rythme, il grondait et grondait. Finalement, s'ils ne s'arrêtaient pas, il s'asseyait, se plaignait et grondait si fort qu'ils repartaient habituellement en arrière le chercher. Pendant les premiers mois qu'ils avaient Plongeur, les enfants l'aidaient de temps en temps à franchir la distance entre la maison et la rivière quand ils partaient à la rivière ou revenaient de la rivière, en le portant dans les bras sur une courte distance. Il adorait énormément être porté. En fait, il adorait énormément être transporté, que ce soit dans les bras de quelqu'un ou sur le dos d'un cheval. La deuxième année, il devint plus lourd que ce que les enfants pouvaient porter. Même s'ils le tenaient souvent dans les bras, les seules fois qu'il était transporté, c'étaient quand ils le promenaient dans un chariot ou dans une barque.

Les trois années qu'il passa dans cet endroit en leur compagnie furent trois années de bonheur et d'amusement, pour les enfants et pour lui-même. Un jour, Plongeur partit nager en aval de la rivière, à une certaine distance de la maison. Il était sorti sur la rive, en train de couper un tremble, quand un chasseur lui tira dessus.

Plongeur le castor aventurier qui aimait voyager
à cheval avec le chapeau d'Enos A. Mills.

Il est assis sur sa queue et s'apprête à manger l'écorce d'une branche. Un castor a cinq doigts aux mains et cinq orteils aux pieds (palmes). Les doigts et les orteils sont pourvus d'ongles. La queue d'un castor a l'air d'être couverte d'écailles : la queue a simplement cette apparence mais les écailles ne sont pas réelles.

Chapitre 15
Sécheresse dans le monde des castors

Ce ne fut qu'après une année de sécheresse que je réalisai à quel point les castors dépendent d'une importante réserve d'eau douce, fraîche et permanente. Plusieurs colonies de castors près de ma cabane furent gravement touchées par cette sécheresse. J'étudiais déjà les castors et comment ils vivaient dans la quarantaine de colonies de castors établies à quelques kilomètres de ma maison dans la montagne et, vers la fin de cet été sec, je rendis très souvent visite aux castors. À la mi-septembre, je décidai de me concentrer sur cinq colonies de castors, celles qui étaient les plus affectées par le bas niveau de l'eau. Deux de ces colonies étaient proches l'une de l'autre mais chacune sur un ruisseau distinct. Les trois autres colonies se trouvaient sur un petit cours d'eau qui coulait en cascade.

L'automne est la période la plus chargée de l'année dans le monde des castors. Les castors rassemblent leur récolte, ils réparent le barrage, ils agrandissent parfois l'étang en retirant une partie des sédiments déposés au fond et ils préparent la maison pour l'hiver – tout ça avant que la surface de l'étang ne gèle. Mais la sécheresse avait tant frappé ces colonies qu'une seule de ces colonies avait déjà rassemblé une partie de sa récolte. Je nommai cette colonie la colonie de la Cascade. C'était la plus haute des trois colonies situées sur le cours d'eau qui coulait en cascade. Sur les cinq colonies que j'observai cet automne-là, ce fut cette colonie qui connut la situation la plus désespérée et la plus tragique.

Vers la fin septembre, dans chacune des cinq colonies, les castors travaillèrent surtout sur leur barrage. Ils colmatèrent chaque fuite d'eau et recouvrirent la partie avant du barrage d'une épaisse couche de boue en grande partie rapportée du fond de l'étang.

Le castor est intimement lié à l'eau. Ce n'est pas un animal terrestre et seule la nécessité le poussera à s'éloigner de l'eau. Dans un étang de castors, l'eau est généralement profonde de 90 centimètres ou plus, une profondeur qui est nécessaire aux castors toute l'année. Quand la nature offre un tel endroit près de leur source de nourriture, les castors colonisent les lieux. Ils ne s'embêteront pas à construire un barrage et à former un étang profond à moins que cela ne soit nécessaire. Les castors ont besoin d'une eau profonde. C'est pour eux une nécessité de la vie de tous les jours, pour vivre, pour se déplacer le plus facilement possible et pour se protéger.

Tôt en octobre, la première colonie sous la Cascade dut quitter sa maison par manque d'eau. Ils étaient sept ou huit castors, ils partirent tous en aval du cours d'eau et rejoignirent une autre colonie. De ce que je sais sur ces deux colonies, je pense que les castors qui partirent étaient des anciens et ils furent contraints de se réfugier dans la colonie de leurs petits maintenant adultes qui eurent plus de chance face à la sécheresse. Ils furent visiblement les bienvenus.

Quelques jours plus tard, la colonie située le plus bas sur ce cours d'eau en cascade fut aussi abandonnée. Deux jours avant de quitter leur maison, les castors avaient commencé à récolter des trembles pour la réserve de nourriture pour l'hiver. Quelques trembles se tenaient encore debout, seulement en partie coupés ; d'autres étaient encore couchés au sol à l'endroit où ils étaient tombés ; plusieurs trembles avaient été tirés jusque dans l'étang. Mais les castors désertèrent soudainement les lieux.

Les quinze ou seize castors de cette colonie partirent en aval et prirent possession d'un ancien étang avec une maison abandonnée. Ils réparèrent rapidement le barrage et la maison et ils venaient juste de commencer à rassembler leur réserve de nourriture pour l'hiver quand la surface de l'étang gela. Au fond de l'étang, sous la glace, il y avait peut-être des pousses tubéreuses de lys d'étang en abondance ou des racines envahissantes de saules. Les castors déterrent souvent ces deux types de racines au fond de l'étang pour les consommer, même quand l'étang gèle en surface. Les castors de cet ancien étang avaient probablement complété leur maigre réserve de nourriture avec ces racines en attendant le dégel du printemps. Mais ce fut de justesse qu'ils survécurent.

L'un des ruisseaux s'assécha et les castors qui vivaient là

partirent en amont. Ils laissèrent derrière eux un barrage réparé, une nouvelle maison et une pile de trembles fraîchement coupés dans l'étang. Ils étaient prêts pour l'hiver quand le manque d'eau les força à trouver un nouvel endroit. Ils creusèrent un petit bassin près d'une source d'eau en haut d'une moraine et utilisèrent les matières déterrées pour faire un barrage. Ils traînèrent dans l'étang ainsi formé quelques trembles et saules et ils creusèrent un terrier dans la rive pour l'hiver.

Les colonisateurs de l'autre endroit où l'eau était basse abandonnèrent leur maison et migrèrent à cinq kilomètres en aval. Les empreintes et les traces qu'ils laissèrent derrière eux dans la boue ainsi que des poils ici et là ne racontaient que trop bien l'histoire tragique survenue au cours de ce périple forcé. Pendant que les castors voyageaient le long du cours d'eau presque complètement asséché, des coyotes en attrapèrent deux ou trois là où l'eau était trop superficielle pour pouvoir plonger en sécurité et s'échapper. Les survivants de ce groupe trouvèrent finalement un trou profond dans un large cours d'eau et ils se dépêchèrent d'y déposer ici une maigre réserve de trembles fraîchement coupés. Alors que l'hiver arrivait, ils creusèrent un terrier sur la rive du cours d'eau. L'entrée dans le terrier se faisait par un tunnel souterrain qui s'ouvrait dans l'eau à environ 60 centimètres sous la surface de l'eau à côté de leur réserve de nourriture.

Les colonisateurs de la Cascade tinrent bon pendant l'hiver. Leur étang était profond et en réparant minutieusement le barrage, ils réussirent à garder l'étang plein d'eau. Cependant, un castor ne peut pas vivre longtemps dans des eaux stagnantes. C'est particulièrement le cas durant l'hiver. Une maison de castors ne possède presque pas de ventilation mais ses tunnels d'entrée sont remplis d'eau : l'eau fraîche de l'étang semble alors absorber les impuretés de l'air de la maison. Mais ce n'est pas le cas de l'eau stagnante. Aussi, un étang aux eaux stagnantes gèle beaucoup plus vite que les eaux d'un étang qui sont constamment en mouvement et assainies par l'afflux d'eau fraîche. Les colonisateurs de la Cascade commencèrent l'hiver avec une réserve de nourriture abondante stockée au fond de l'étang près de la maison. L'étang était plein à ras bord d'eau mais l'eau commençait à devenir stagnante. La sécheresse continua et il n'y eut pas de neige cet hiver-là. L'absence de neige fut un autre handicap pour la colonie. Quand la surface gelée d'un étang est recouverte d'une épaisse couche de neige, l'étang ne gèle pas aussi profondément et aussi rapidement que lorsque sa surface gelée est à l'air libre. À la mi-octobre, l'étang était solidement gelé. L'épisode de sécheresse perdura et le froid arriva. Pendant la semaine de Noël, pas une seule goutte d'eau ne sortait de l'étang et visiblement, aucune eau ne se déversait dedans. La glace était claire et le jour où je leur rendis visite, les castors semblèrent creuser dans l'étang sous la glace. Près du barrage, l'eau était si trouble que je ne pouvais voir à l'intérieur de l'étang.

Au premier février, je sondai la glace à différents endroits. L'étang semblait solidement gelé jusqu'au fond. C'était un étang circulaire et la maison se tenait au milieu de l'étang dans environ 90 centimètres d'eau. Je grimpai sur la maison et y restai pendant un moment. En général, en hiver, une maison de castors habitée dégage une odeur grâce à la petite quantité d'air qui s'échappe par le haut. L'odeur permet de savoir s'il y a des castors qui vivent à l'intérieur de la maison. Mais je ne pus détecter la moindre odeur de castor. Visiblement, l'eau dans l'étang avait gelé de la surface jusqu'au fond. Les castors étaient probablement tous morts, à moins qu'ils n'eussent réussi à sortir de l'étang comme c'est parfois le cas en creusant un tunnel sous le barrage jusqu'au lit du ruisseau en dessous. De nombreux étangs de castors anciens ont un passage souterrain creusé au fond dans la boue. Une des ouvertures de ce passage se trouve près de l'entrée de la maison, une autre se trouve sur la rive à quelques mètres de l'étang. Cela permet aux castors de s'échapper de l'étang quand il gèle complètement jusqu'au fond ou s'il est drainé. Après avoir minutieusement cherché, je ne trouvai pas de passage ni de tunnel, récent ou ancien, par lequel les castors auraient pu s'échapper.

Je décidai de savoir ce qui leur était arrivé et partis à ma cabane chercher une hache et une pelle. Je fis un trou à la hache dans la glace à mi-chemin entre la maison des castors et leur pile de nourriture – une pile de trembles fraîchement coupés située à 3,60 mètres de la maison. L'étang était solidement gelé jusqu'au fond et tous les castors avaient été pris au piège dans la glace. Les tunnels qui permettaient d'entrer et de sortir de la maison étaient remplis de glace. Un castor était mort au niveau de la pile de nourriture en train de ronger l'écorce d'un bâton. Un autre castor était mort entre la pile de nourriture et la maison. Les autres castors étaient morts près de l'entrée d'un passage inachevé qu'ils étaient en train de creuser sous le barrage pour s'échapper quand la mort les rattrapa finalement. Un castor était mort pendant qu'il rongeait la glace qui obstruait l'entrée de la maison. À l'intérieur de la maison se trouvaient les corps de deux castors très âgés et quatre jeunes, tous morts gelés.

La mort de ces petits êtres dans leur maison sous la glace était peut-être due à l'asphyxie, au froid, à la faim ou à une combinaison de toutes ces causes. Mais en tout cas, il était clair que la sécheresse était à l'origine de tout ça.

Castor sur la terre ferme

Chapitre 16
La persévérance des castors

Je vis un feu de forêt descendre sur la colonie de l'Arbre Cassé et je savais que les castors qui y vivaient pouvaient se réfugier dans l'eau à l'intérieur de leurs huttes de terre résistantes au feu. Leurs cinq maisons étaient dispersées dans l'étang comme de petites îles. Un ruisseau vigoureux descendait des neiges du mont Meeker et coulait dans l'étang. De gigantesques épicéas entouraient les rives de l'étang.

Les castors survécurent au feu mais leur réserve potentielle de nourriture pour l'hiver fut détruite : le bois de trembles et tous les arbres à feuilles caduques qu'ils auraient pu récolter pour manger leur écorce cet hiver furent calcinés ou consumés par le feu.

Au lieu de partir, les castors passèrent plusieurs jours à nettoyer l'étang et à retirer les débris qui jonchaient l'eau. Avec l'hiver qui arrivait et les cours d'eau trop bas pour voyager en sécurité dedans, ce n'était probablement pas une bonne idée d'aller ailleurs pour essayer de reconstruire une maison et de récolter des arbres à temps.

Une nuit, au début du mois d'octobre, les castors abattirent plusieurs trembles qui avaient réchappé au feu. Ces trembles se trouvaient dans un bois à une centaine de mètres de l'étang en aval du ruisseau. Quelques nuits plus tard, ils commencèrent à tirer les trembles abattus en amont vers l'étang. Ce fut une tâche difficile pour les castors car entre l'étang et le bois de trembles se trouvaient des chutes d'eau. Les castors durent tirer chaque tremble sur la terre et les remonter sur une rive escarpée puis contourner les chutes d'eau.

Lors de la deuxième nuit passée à transporter les trembles en amont, un lion de montagne s'était caché près des chutes d'eau pour attendre les castors. Des empreintes sur la pente boueuse montraient qu'il avait tenté de sauter sur deux castors au moment où ils contournaient les chutes d'eau. Le matin suivant, un tremble de 35 kg gisait sur la pente, abandonné là par les deux castors qui l'avaient remonté. Le lion de montagne les avait non seulement ratés mais il avait aussi perdu l'équilibre et glissé sur la pente boueuse de laquelle il était tombé en bas dans les profondeurs de l'eau.

Les castors cessèrent le transport des arbres en amont. Ils empilèrent le reste des trembles abattus dans un étang à proximité qui servait d'abri. En général, les cours d'eau peu profonds que les castors utilisent pour se déplacer dans l'eau ont un étang qui leur permet de plonger à l'abri lorsqu'ils sont attaqués. La réserve de nourriture pour l'hiver est habituellement entreposée à quelques mètres de la maison mais, dans la colonie de l'Arbre Cassé, l'étang dans lequel ils avaient empilé les trembles était situé à presque 180 mètres de la maison. En entreposant les trembles dans cet étang aussi éloigné, les castors essayèrent probablement de faire de leur mieux face à cette situation difficile.

Deux jours après l'attaque du lion, les castors commencèrent à couper des arbres à une cinquantaine de mètres au nord de leur étang. Les castors prirent la peine de dégager une piste pour pouvoir tirer les arbres récoltés jusqu'à l'étang. Ils rongèrent deux troncs d'arbre couchés au sol qui bloquaient le passage et roulèrent les parties qui gênaient sur le côté. Ils débroussaillèrent un passage de 60 centimètres dans un amas de saules et ils purent enfin tirer les arbres coupés jusqu'à l'étang et les placer en haut de la pile de nourriture.

Un matin, plusieurs arbres coupés gisaient abandonnés sur la piste que les castors avaient dégagée : les castors s'étaient soudainement enfuis. Au cours des trois nuits qui suivirent, ils s'arrêtèrent de travailler. Un lion des montagnes rôdait dans les parages.

Comme les pionniers humains, les colonisateurs castors affrontent des dangers et subissent des épreuves. Chaque maison de castors a une histoire passionnante. Dans une colonie, les castors doivent continuellement prendre soin de leur maison et de leur barrage. Les feux de forêt ou d'autres catastrophes incontrôlables forcent parfois les castors à abandonner leur colonie quand les conditions pour voyager sont dangereuses ou quand ils doivent voyager sur de longues distances avant de pouvoir s'installer. Une vingtaine de castors peuvent quitter leur vieille maison mais seuls quelques-uns survivent au voyage jusqu'au nouveau site de colonie.

Les castors de la colonie de l'Arbre Cassé continuèrent la récolte en coupant les trembles parsemés le long du ruisseau au-delà de l'étang. Ils en coupèrent quelques-uns à 400 mètres en amont du ruisseau. Avant de faire flotter les arbres en bas vers l'étang, les castors durent casser des branches et débroussailler de vieux arbres qui s'étaient amassés le long d'un bloc rocheux. Pour pouvoir passer, les castors rongèrent un trou dans cet amas de broussailles. Un jour, un castor qui récoltait des arbres s'aventura trop loin en amont d'un petit ruisseau et un ours grizzly l'attrapa. Durant cet automne difficile, il est probable que d'autres castors perdirent la vie. L'étang et le ruisseau gelèrent et mirent fin à la récolte des arbres. Il est probable que les castors durent rationner la nourriture pendant l'hiver pour pouvoir survivre.

Un jour d'hiver, un castor descendit à la nage jusqu'à l'étang qui servait d'abri, là où les trembles étaient entreposés. Je l'observai à travers la glace qui recouvrait l'eau. Il délogea un petit morceau de tremble de la pile de nourriture au fond de l'étang et repartit avec en amont, nageant sous la glace. En bas des chutes d'eau qui avaient gelé, je découvris plusieurs bouts de trembles coupés dont l'écorce avait été mangée. Pendant que j'étudiais ces morceaux de trembles décortiqués, je découvris un trou en bas des chutes d'eau. C'était un passage – un tunnel – creusé dans la terre et il menait en haut jusqu'à l'étang. Cette voie souterraine permettait aux castors d'atteindre leur réserve de nourriture en bas du ruisseau.

Le feu avait détruit plusieurs épicéas de grande taille au bord de l'étang et leur tronc à demi-calciné se balançait dangereusement avec le vent. Une nuit, deux des épicéas morts tombèrent dans l'étang. Le plus petit des deux tomba en haut d'une maison. La maison aux murs épais et gelés résista au choc mais l'arbre se cassa net en deux au moment de l'impact. L'autre épicéa tomba si lourdement sur deux des maisons qu'il les écrasa et les maisons s'écroulèrent comme des châteaux de cartes. Au moins quatre castors moururent et plusieurs furent blessés.

Le printemps fut en avance et les castors étaient sans aucun doute contents de son arrivée hâtive. Durant mai et juin, l'étang était magnifique. De l'herbe et des fleurs sauvages illuminaient la rive et les branches des épicéas étaient chargées de délicates inflorescences. Des cerfs étaient montés des plaines jusqu'ici et des mouflons étaient descendus des hauteurs. Les bois et les saules étaient remplis de joyeux oiseaux qui s'accouplaient. Des merles d'eau chantaient près des chutes d'eau où ils avaient passé l'hiver. Des troglodytes volubiles comme toujours, des merlebleus qui gazouillaient et des pies à l'œil attentif volaient autour. Les cassenoix d'Amérique réputés pour être bruyants et les merles d'Amérique à la couleur toujours orangée étaient également présents.

Un matin de mai, je me cachai derrière un tronc au sol près de l'étang, à six mètres de la plus grande des maisons de castors. J'espérais apercevoir de jeunes castors. Mais une merle ne supporta pas que je rampasse derrière le tronc. Elle fit un tel vacarme pour avertir qu'un monstre se cachait là que d'autres oiseaux vinrent se joindre au vacarme pour me chasser de là. Mais je ne bougeai pas et, après deux ou trois minutes d'émeute, les oiseaux partirent et s'envolèrent vers leur nid respectif.

À cet instant, un nez marron apparut entre la maison et ma cachette. Une mère castor grimpa sur un des troncs d'épicéa échoués au bord de l'eau et elle se refléta avec les épicéas, le ciel bleu et les nuages blancs dans l'eau. Elle commença à peigner sa fourrure – elle faisait sa toilette. Après s'être d'abord grattée avec les griffes d'une patte arrière, elle se redressa et se peigna avec ses griffes avant. Pendant un moment, elle se peigna avec les deux pattes de devant en même temps. De temps en temps, elle se grattait avec le double ongle du deuxième orteil de la patte arrière. C'est uniquement en se baignant régulièrement, en se peignant et en restant propre que les castors résistent aux nombreux parasites qui aiment se développer dans les fourrures épaisses et les espaces confinés.

Quelques jours plus tard, les bébés castors firent leur apparition un matin. La mère attira mon attention en faisant semblant de faire des réparations à l'autre bout du barrage. Les cinq jeunes castors étaient déjà sortis de l'eau et s'étaient accroupis sur un côté de la maison quand je les vis. Ils restèrent assis sans bouger pendant une minute. L'un d'eux finit par descendre sur un des bâtons qui sortaient des murs de la maison et il dégringola dans l'eau. Les autres n'eurent pas l'air surpris de cet accident.

Cela n'eut pas l'air de déranger le castor d'être tombé à l'eau et il nagea vers l'extérieur quand le courant commença à l'emporter par-dessus le barrage. La mère castor apparut à ce moment-là. Elle arriva sous lui et s'éleva à la surface. Il se saisit de cette opportunité et s'accroupit sur le dos de sa mère avec ce visage inexpressif qu'ont les castors la plupart du temps. Les castors ont toutefois de temps en temps des expressions de peur, de surprise, d'enthousiasme et même d'intense plaisir. Le jeune castor était assis sur le dos de sa mère comme s'il dormait pendant que sa mère nageait avec lui jusqu'à la maison. Arrivés à la maison, il grimpa dessus sans rien laisser paraître, comme si ce n'était pas la première fois que sa mère le transportait dans l'eau sur le dos.

Quelques semaines plus tard, la mère merle qui avait été si irritée par ma présence quand je m'étais caché derrière le tronc devint extrêmement inquiète pour ses petits. En général, quand quelque chose d'inhabituel se produit, le merle d'Amérique insiste pour dire que le pire est sur le point d'arriver. Cette saison-là, la mère merle avait fait son nid en haut de la maison des castors. C'était l'un des endroits les plus sûrs mais tellement de choses lui firent peur que ce fut un miracle qu'elle ne mourût pas d'une crise cardiaque. Ses petits devenaient agités à chaque fois que les jeunes castors s'activaient. Chaque matin, quand les jeunes castors se mettaient chacun à leur tour à grimper la maison comme s'ils allaient aller jusqu'en haut, la pauvre mère merle devenait presque hystérique. Mais finalement, malgré ses peurs, elle réussit à élever tous ses petits en sécurité jusqu'à leur départ du nid.

Durant l'été, la majorité des castors de la colonie de l'Arbre Cassé abandonnèrent la colonie et migrèrent vers d'autres lieux. Un certain nombre de castors reconstruisirent une colonie à 800 mètres en aval du ruisseau pendant que les autres, à l'exception d'un, voyagèrent jusqu'à une colonie de castors abandonnée sur le premier cours d'eau au nord. Par le sentier, cette ancienne colonie se trouvait à 800 mètres de la colonie de l'Arbre Cassé. Mais par l'eau, en aval du ruisseau jusqu'à une bifurcation, puis en amont d'un autre cours d'eau, le trajet jusqu'à cette ancienne colonie était de 5 kilomètres. C'était un endroit parfait pour vivre et un vieux barrage abandonné avec quelques réparations à faire était toujours mieux que d'en construire un nouveau. Tout l'été, un castor de la colonie de l'Arbre Cassé erra seul dans les environs. Il retourna une fois à la colonie de l'Arbre Cassé. Finalement, il décida de s'installer avec les castors qui s'étaient établis dans l'ancienne colonie à plusieurs kilomètres en aval.

À la fin de l'été, un immense glissement de terrain se produisit sur le ruisseau au-delà de l'étang de l'Arbre Cassé. Les matières entraînées par le glissement de terrain bloquèrent le lit du ruisseau, s'entassant ensemble et formant un barrage de débris qui créa un étang large et profond. De ce barrage de débris et de la pente maintenant dévastée vinrent de telles quantités de sédiments qu'il semblait que l'étang de la colonie allait se remplir de sédiments. Tous les castors qui étaient restés dans la colonie de l'Arbre Cassé travaillèrent jour et nuit pour construire un barrage sur le ruisseau juste en amont de l'étang. Ils travaillèrent comme seuls les castors savent le faire. Le barrage forma un nouvel étang qui attrapa et arrêta les sédiments comme prévu.

Les castors qui étaient restés dans la colonie de l'Arbre Cassé réparèrent seulement deux des cinq maisons. Ils empilèrent entre les deux maisons réparées des saules et des trembles verts fraîchement coupés pour leur réserve d'hiver. Mais avant de couper les arbres, les castors construisirent un barrage au nord de la colonie. Afin d'amener l'eau pour le nouvel étang formé par le barrage, ils creusèrent un fossé – un canal – sur le ruisseau au-delà de l'étang qui attrapait les sédiments. Quand le nouvel étang fut rempli d'eau, une petite crête de six mètres et tapissée d'herbe séparait le nouvel étang de l'ancien étang.

Les castors creusèrent un canal qui traversait la crête pour connecter les deux étangs. Le canal faisait environ 90 centimètres de large et entre 30 et 60 centimètres de profondeur. Les trembles récoltés provinrent de la pente d'une moraine au-delà de la rive nord du nouvel étang. Le canal et le nouvel étang réduisaient grandement la distance sur laquelle les castors devaient tirer et traîner les arbres sur terre et ils rendirent aussi la récolte plus sécurisée, plus rapide et plus facile.

De temps en temps, les castors travaillaient en plein jour. Pendant que j'observais la colonie une après-midi, un vieux castor monta la pente en se dandinant et s'arrêta près d'un grand tremble encore debout que les autres castors avaient laissé. En bas de l'arbre, le tronc était extrêmement renflé. Le vieux castor mordit dans l'écorce de l'arbre et en mangea un bout. Son visage était inexpressif. À l'évidence, l'écorce était bonne car après avoir mangé, le vieux castor rassembla une grande pile de déchets en bas de l'arbre et monta sur cette plate-forme improvisée pour ronger l'arbre au-dessus du renflement. Pendant qu'il rongeait, une écharde de bois se logea entre ses dents supérieures de devant. Il retira l'écharde avec l'ongle double du deuxième orteil de sa patte arrière droite. Le tremble mesurait 25 centimètres de diamètre à l'endroit où il était coupé. Les castors coupent en général des arbres dont le diamètre varie de 7 à 15 centimètres. Le plus grand arbre coupé que j'aie mesuré, c'était un peuplier d'un diamètre de 106 centimètres. Sur les arbres grands et vieux, les castors ne mangent pas l'écorce dure. Mais sur les arbres ordinaires qu'ils font tomber pour manger, ils consomment toute l'écorce ainsi qu'un petit pourcentage de bois. Les castors coupent rarement du bois mort et ce n'est seulement qu'en cas d'urgence qu'ils couperont un pin ou un épicéa. Apparemment, ils détestent le goût de leur résine.

Un jour, un autre castor abattit plusieurs petits trembles et les traîna jusqu'à l'étang, un ou deux à la fois. Après en avoir rassemblé une douzaine ou plus, il les fit tomber dans l'eau. Il plaça les mains sur le tas de petits trembles dans l'eau et nagea avec en les poussant jusqu'à la pile de nourriture au centre de l'ancien étang.

Vers la fin de la récolte, les castors de la colonie de l'Arbre Cassé enduisirent leurs maisons de boue au-dessus de l'eau. Ils ramassèrent la boue au fond de l'étang autour de la fondation de leurs maisons. Ils attrapaient des fois la boue dans leurs mains, d'autres fois ils ramassaient la boue avec la queue passée en avant entre leurs pattes de derrière. Puis les castors creusèrent au fond de l'étang un canal qui s'étendait des maisons jusqu'au barrage. Ils creusèrent un autre canal parallèlement au barrage. Ils placèrent en haut du barrage les matières qu'ils avaient déterrées pour creuser les canaux. Ils réalisèrent aussi au fond de l'étang un fossé peu profond qui allait de la maison jusqu'au canal qui unissait les deux étangs.

L'été suivant fut pluvieux et l'étang se remplit de sédiments jusqu'à hauteur du barrage. La plus grande partie des sédiments venait du glissement de terrain et de la pente où le glissement s'était produit. La vieille colonie de l'Arbre Cassé fut abandonnée.

Différents de la plupart des animaux, les castors ont une maison permanente. Les castors s'attachent énormément à leur vieille maison et travailleront sans relâche pour éviter de migrer, quitte à se mettre régulièrement en danger. Pour continuer à vivre chez eux, les castors creuseront des canaux, construiront des barrages ou même traîneront leurs arbres sur de longues distances à travers des endroits difficiles d'accès ou dangereux. Leurs ancêtres sont peut-être nés ici et eux passeront peut-être toute leur vie ici. Cependant, dans la plupart des cas, une colonie de castors n'est pas occupée en continu aussi longtemps. Les crues, les feux ou l'épuisement total des ressources alimentaires peuvent obliger les castors à migrer et à chercher une nouvelle maison.

En abandonnant l'étang de l'Arbre Cassé, un groupe de castors partirent simplement en amont du ruisseau et prirent possession de l'étang que le glissement de terrain avait formé. Ils rassemblèrent ici leur réserve de nourriture et creusèrent un terrier dans la rive, mais ils ne construisirent pas de maison. Un passage souterrain reliait le fond de l'étang au terrier.

Le reste des castors de la colonie de l'Arbre Cassé recommencèrent à zéro à environ 90 mètres au nord de l'ancien étang. Ils construisirent ici un barrage d'environ 20 mètres de long en grande partie fait de boue et de mottes d'herbe qu'ils déterrèrent de la zone qui allait être remplie d'eau pour former l'étang. Ils commencèrent d'abord par creuser une tranchée et empiler les matières déterrées en bas du barrage – la fondation du barrage. Ils élargirent la tranchée en fossé puis l'approfondirent pour former l'étang. Toutes les matières déterrées furent placées sur le barrage.

Les castors avaient évidemment choisi délibérément le site pour la maison et pour l'étang. Ils construisirent la maison dans l'étang, le long d'une source d'eau qui alimentait en partie l'étang en eau. Ils entreposèrent leur réserve de nourriture pour l'hiver dans un trou profond qu'ils avaient creusé – ils en avaient utilisé les matières déterrées pour la maison. L'eau de la source freina la progression du gel près de la maison et de la pile de nourriture et empêcha la glace de poser problème aux castors. Les castors comprennent visiblement l'avantage d'avoir une maison près d'une source d'eau. La source d'eau est généralement située entre l'entrée de la maison et la pile de nourriture pour l'hiver.

Leur étang ne se remplit pas de sédiments. Comme l'eau de l'étang provenait intégralement de sources, l'eau ne contenait presque pas de sédiments. Après dix-huit ans d'utilisation, seule une fine couche de sédiments recouvrait le fond de l'étang. Aucun ruisseau ou cours d'eau ne se déversait dans cet étang. L'étang avait-il été construit ici dans le but d'éviter les sédiments ? Les castors fondent rarement une colonie en partant de zéro car cela nécessite beaucoup de travail pour construire une colonie, en particulier quand il y a d'autres endroits plus faciles pour construire, alors il se pouvait que cet étang fût placé là car il y aurait très peu de sédiments. Voilà comment les castors fondèrent la colonie de l'Épicéa. La colonie de l'Épicéa est toujours habitée de nos jours.

Chapitre 17
Reconstruire une colonie de castors

Une après-midi de juillet, je passai devant l'ancienne colonie de castors de la Prairie et vis un vieux castor sortir de l'eau avec une boule de boue qu'il tenait dans les mains. Il tassa la boue en bas du barrage. Des empreintes de castors dans la boue en haut de ce vieux barrage ainsi que des bâtons de trembles fraîchement coupés et décortiqués qui gisaient sur la maison montraient que des castors utilisaient cette ancienne maison et cet ancien étang depuis plusieurs jours.

C'était curieux car l'endroit était abandonné depuis quinze ans et la plupart des anciens ouvrages de castors étaient en ruine. Une maison, devenue maintenant un monticule sur lequel poussaient des saules, avait conservé sa forme. L'étang dans lequel la maison se trouvait ne s'était pas rempli de sédiments.

La réparation du barrage signifiait-elle que des castors allaient se réinstaller dans cette ancienne colonie ? C'était probablement le cas car les castors travaillent toujours en vue d'un objectif et non pas juste pour travailler. On était au milieu de l'été et tous les castors qui n'étaient pas en train de faire des réparations urgentes ou d'apporter des améliorations à leurs ouvrages étaient partis pour leurs vacances d'été.

Les castors, comme les gens, s'installent parfois dans des lieux anciennement occupés par leurs congénères et construisent sur les fondations d'anciennes ruines. De nombreuses colonies de castors, à l'image des anciennes cités fondées par les hommes, ont plus d'une colonie enterrée sous elles.

Quelques jours après avoir vu le vieux castor travailler sur le barrage, je découvris qu'il creusait dans un canal tout seul. Des empreintes montraient que d'autres castors avaient travaillé dans le canal, mais ce vieux castor était particulièrement audacieux : je ne sus dire pourquoi il l'était tant et pourquoi il osait se montrer en plein jour.

Le fait que ces castors travaillaient sur un canal ne laissait aucun doute qu'ils étaient bien venus pour rester. Pendant qu'ils travaillaient sur le canal et faisaient d'autres travaux en vue de leur installation permanente, les castors occupaient l'ancienne maison et l'ancien étang. Ils nettoyèrent les lieux et rafistolèrent la maison en guise de camp provisoire.

Le canal de castors est l'un des plus beaux exemples de l'ingéniosité et du talent des castors. Les castors avaient achevé 6 mètres de canal, il faisait 90 centimètres de large et 45 centimètres de profondeur. Le canal commençait au coin nord-ouest de l'ancien étang et traversait un autre étang aujourd'hui comblé de matières terreuses et recouvert d'herbe. Les castors avaient retiré la boue et le sable qui gênaient. Le canal montait en direction d'un bois de trembles entouré de pins à 60 mètres. Il était probable que les castors continueraient à creuser le canal pour le prolonger et se rapprocher au plus près du bois de trembles, puis qu'ils rempliraient le canal d'eau pour faire flotter les trembles coupés dedans et les faire descendre jusqu'en bas près de l'ancien étang. Les castors allaient aussi certainement construire une maison près du début du canal et de l'ancien étang.

Les castors rongèrent un tronc qui gênait dans le canal, le coupèrent en deux et l'enlevèrent. Le canal contournait un bloc rocheux trop large pour être retiré. À 25 mètres du début du canal, les castors qui construisaient le canal atteignirent de la roche granitique dans le sol : ils arrêtèrent le canal à cet endroit et élargirent la fin du canal en un bassin d'environ 3 mètres de diamètre.

Sur toute sa longueur, le canal traversait la couche de sédiments d'un ancien étang de castors. Quand les castors créent un étang, ils doivent après de temps en temps élever la hauteur du barrage pour rendre l'eau de l'étang plus profonde et ils doivent aussi retirer la boue au fond de l'étang. Mais même en retirant la couche de boue au fond et en rendant l'étang plus profond, l'étang se remplit tôt ou tard de sédiments et doit être abandonné. En temps voulu, l'étang se remplit de matières terreuses, puis il se recouvre d'herbe et une forêt commence à pousser dessus.

La colonie de la Prairie avait été occupée par des castors

depuis de nombreuses générations mais la pénurie de nourriture – l'épuisement total des ressources alimentaires en trembles – avait obligé les castors à abandonner la colonie de la Prairie. En partant, les castors laissèrent derrière eux deux grands étangs, une douzaine d'étangs plus petits et trois maisons. La plupart des petits étangs avaient complètement disparu, envahis par les saules qui poussaient dedans. Deux des maisons s'étaient effondrées et étaient maintenant recouvertes de fleurs sauvages.

Depuis que les castors avaient abandonné cette colonie, des bois de trembles avaient repoussé et, bien qu'ils fussent éloignés du cours d'eau, les nouveaux colonisateurs pourraient y accéder et récolter leur réserve de nourriture pour l'hiver.

Ces nouveaux colonisateurs étaient venus de quinze kilomètres en aval du cours d'eau. Pendant leurs vacances d'été, les castors parcourent de grandes distances, voyageant loin de chez eux. Certains de ces castors étaient peut-être venus visiter en été ce site autrefois colonisé et avaient donc pu avoir connaissance des opportunités que ce site avait à leur offrir avant de venir s'y installer.

J'apercevais de temps en temps le soir plusieurs castors. Au vu de leur physique et des empreintes qu'ils laissaient, la plupart étaient jeunes. Pendant l'automne, je vis plusieurs fois les castors jouer dans la faible lumière du crépuscule, ils barbotaient tous joyeusement dans l'étang.

Les castors réparèrent avec de la boue et des saules le barrage légèrement cassé de l'ancien étang. Puis ils creusèrent un fossé de 10 mètres de long sur une crête jusqu'à un petit étang au nord. Ils remplirent leur ancien grand étang avec les eaux de ce petit étang. Les eaux de l'ancien étang s'arrêtaient maintenant à quatre mètres devant le début du canal. Comme le canal était élevé de 60 centimètres par rapport à la surface de l'étang, les castors allaient devoir puiser plus haut l'eau d'une autre source pour remplir le canal d'eau. Je demeurai perplexe, ne sachant pas où les castors allaient trouver une source d'eau plus haut. Mais les castors planifient toujours leur travail et préparent jusqu'à deux ou trois étapes d'avance. Ils savaient probablement ce qu'ils faisaient.

Les castors construisent en général la maison dans l'étang ou au bord de l'étang. Mais ici, les castors étaient en train de creuser la fondation de leur maison dans un petit espace sur un terrain surélevé à trois mètres du début du canal et du bord de l'étang. Ils creusèrent deux tunnels partant de la fondation de la maison jusqu'au fond de l'étang.

Ils construisirent la maison avec de la boue qu'ils prirent au fond de l'étang et ils la renforcèrent avec des bâtons de saules. Ils se servirent d'un massif entier de saules pour leurs bâtons. Ils utilisèrent aussi des racines de saules, des mottes d'herbe, quelques pierres et quelques bâtons de trembles décortiqués qu'ils prirent de leur maison temporaire – l'ancienne maison qu'ils avaient rafistolée et où gisaient dessus les bâtons de trembles dont ils avaient mangé l'écorce.

Une fois achevée, la maison faisait 3 mètres de diamètre au niveau de la fondation et 1,50 mètres de haut. Les murs étaient épais de 60 centimètres. La ventilation de la maison était assurée par le haut de la maison où un amas de bâtons entrecroisés qui n'avaient pas été recouverts de boue permettait à l'air de passer.

Les castors font la plus grande partie de leur travail la nuit, probablement pour rester à l'abri des hommes. Mais les castors semblaient autrefois travailler en plein jour jusqu'à ce que des générations de chasseurs armés rendirent leur travail en plein jour trop dangereux. Dans des endroits reculés, là où les castors n'ont pas été dérangés, j'ai vu des colonies entières de castors travailler en plein jour, même quand il n'y avait rien d'urgent ou de pressant à réaliser. De nos jours, les castors ne travaillent en plein jour qu'exceptionnellement et seulement en cas d'urgence. Dans la colonie de la Prairie, personne n'avait importuné les castors et je voyais souvent un vieux castor avant de réaliser bien plus tard que c'était toujours le même à chaque fois.

Une après-midi, j'étais assis sur l'un des côtés de la maison des castors en train de changer de pellicule photo quand le vieux castor remonta à la surface de l'eau. Il nagea dans l'étang jusqu'à un tronc à demi submergé qui flottait à six mètres. J'arrêtai ce que je faisais et restai assis sans bouger pour l'observer. Il ne m'avait pas senti. Le vieux castor et le paysage se reflétaient avec magnificence dans l'eau ; le sommet enneigé du mont Meeker, le ciel bleu, les nuages blancs, les saules marron, les pins verts et pointus, les bouleaux rouges et un seul tremble aux feuilles jaunes – une photographie d'automne aux couleurs éclatantes.

Le vieux castor qui était accroupi sur le tronc se leva et se gratta derrière l'une de ses pattes avant. Il se peigna ensuite les poils avec les griffes de devant, puis redressé de toute sa hauteur sur ses pattes arrière, les pattes avant ramenées contre sa poitrine, il regarda autour de lui. Une mouche se posa sur son nez. Il la chassa d'un coup de la main. Elle se posa encore sur lui et il la chassa avec l'autre main. Il s'accroupit encore sur le tronc, se tournant cette fois-ci de l'autre côté. Quelques minutes après, il plongea, dévoilant ses grands pieds arrière palmés comme ceux d'une oie. Il claqua bruyamment et joyeusement sa queue large, noire et caoutchouteuse à la surface de l'eau, envoyant des ondulations rapides à la surface de l'étang.

Il n'y avait toujours pas d'eau dans le canal mais la maison était achevée. Les castors rempliraient le canal avec une eau qu'ils iraient prendre quelque part pour pouvoir ramener la récolte à l'étang.

À la fin septembre, je vis que le canal et qu'un petit bassin situé en haut au sud à la fin du canal étaient remplis d'eau. Les castors avaient utilisé une source d'eau cachée dans les saules, douze mètres plus haut. Ils avaient creusé de la source jusqu'au canal un fossé pour en faire un petit bassin. L'eau de la source passait par le bassin puis se déversait à flots dans le canal qui débordait maintenant d'eau.

Deux jours plus tard, tôt dans la soirée, je jetai un coup d'œil dans le massif de saules au sud près de la fin du canal et vis un gros bâton de tremble avec deux ou trois branches aux feuilles ondoyantes. Le bâton était en train de voyager dans le canal. C'était le vieux castor qui le faisait descendre jusqu'à la maison. Tenant le bâton par le bout avec ses mains, il le poussa, filant en direction de la maison en bas du canal. Il partit chercher un autre bâton, puis encore un autre.

Quand il arriva avec le troisième bâton, deux castors étaient en train de tirer les autres bâtons sur la petite zone humide située entre le début du canal et le bord de l'étang.

Les castors entreposèrent les trembles coupés en sections au fond de l'étang d'où ils pourraient en hiver venir chercher des bâtons et les rapporter dans la maison pour manger leur écorce.

Un tremble vert, c'est-à-dire fraîchement coupé, met généralement trente-six heures pour saturer d'eau et couler au fond. Les castors empilaient simplement les sections et les bâtons de trembles les uns par-dessus les autres, réalisant qu'ils couleraient après.

L'après-midi suivante, je vis le vieux castor dans le bois de trembles en train de ronger un tremble de 18 centimètres de diamètre. Il était presque coupé. Le castor le mordit encore quelques fois, se dandinant sur la pointe des pieds et se déplaçant d'un côté de la souche puis de l'autre. L'arbre craqua puis tomba. Le vieux castor attrapa entre les dents une petite section de tremble et la tira jusque dans le canal. Il la laissa dans le canal puis il descendit le canal à la nage jusqu'en bas de la maison.

Les castors rassemblaient apparemment les trembles fraîchement coupés dans le bassin rempli d'eau à la fin du canal, puis les déplaçaient sur l'eau d'ici jusqu'à l'étang plus tard. Ils coupaient les petits troncs de tremble fraîchement abattus en sections allant de 1,50 mètres à 2,40 mètres de long.

En bas, plusieurs branches et cimes de tremble flottaient dans l'étang au-dessus de la pile récoltée que les castors avaient déposée dans l'eau. Ils mangeraient également l'écorce des branches et des cimes pour l'hiver.

Les castors ne mangent pas de viande ni de poisson. Ils mangent surtout de l'écorce avec quelques racines, champignons, bulbes de lys et baies. Et pourtant, j'ai encore lu l'année dernière des bêtises comme quoi que les castors attrapaient du poisson et hors saison en plus.

Je voyais souvent le vieux castor, d'abord à un endroit, puis à un autre endroit. À chaque fois, il se montrait en plein jour. Il n'avait pas l'air d'avoir peur. Mais les autres castors ne se montraient pas avant le coucher du soleil ou le crépuscule. Ce vieux castor devait être le leader ou le chef de cette colonie si une telle position existait chez les castors.

    Les castors coopèrent entre eux pour mener à bien leur travail. Ils suivent un plan distinct, travaillant à la fois ensemble et seul. L'ensemble de leur travail progresse comme s'ils étaient constamment supervisés avec un plan préparé d'avance. Au fil des années, j'ai vu les castors travailler des centaines de fois. Ils travaillent presque toujours avec efficacité et comme s'ils étaient dirigés par un expert de la construction. Mais je n'ai jamais vu ou détecté un castor faire le moindre signe qui pouvait passer pour un ordre ou une instruction. Mais la seule façon que j'ai d'expliquer comment les castors réussissent à construire des ouvrages d'une telle ampleur et avec une telle ingéniosité, c'est par leur coopération et le travail qu'ils font, guidés par un chef.

    Un soir, alors que je regardais la colonie, un lynx poursuivit deux castors jusqu'à l'étang. Si l'étang s'était trouvé quelques mètres plus loin, le lynx aurait réussi à les attraper. Mais dès l'instant que les castors plongèrent dans l'étang, ils étaient en sécurité.

    Les lions de montagne, les ours, les loups et les lynx font partie des prédateurs sauvages qui attaquent les castors ; en fait, tout animal carnivore assez grand pour tuer un castor est un prédateur. Un prédateur attrape rarement un castor dans l'eau. Le castor nage vite et peut rester longtemps sous l'eau. Mais sur terre, il se déplace lentement et il n'est pas agile. C'est pourquoi les castors coupent les arbres qui sont les plus près de l'eau.

    Un autre soir, quatre castors (et pendant un moment, ils étaient cinq) poussèrent et tirèrent un tronc. Quand ils le poussèrent finalement dans le canal, un castor à qui il manquait une patte de devant mit sa main au bout du tronc et le guida en bas du canal. Les castors ont besoin d'une eau profonde pour transporter leurs arbres et pour se déplacer.

    Il y a aussi un côté social à vivre dans des maisons dans l'eau. Les castors s'adonnent non seulement avec plaisir à toute sorte de sport aquatique mais ils semblent aussi se faire des amis parmi leurs voisins d'eau, d'autres espèces animales qui nagent.

J'ai souvent entendu dire que les castors faisaient la guerre à leurs petits frères, les rats musqués[18]. Mais ce n'était pas le cas des castors de cette colonie. Ils continuèrent à utiliser la vieille maison rafistolée jusqu'à ce qu'ils eussent presque terminé de récolter des arbres. À leur départ, des rats musqués prirent immédiatement possession de la vieille maison. Mais les castors retournaient souvent dans la vieille maison.

Un jour, je vis un castor entrer dans la maison. Il y avait déjà plusieurs rats musqués à l'intérieur. Je ne sus dire quelle était la nature de sa visite mais il n'y eut en tout cas aucun débordement. Une autre fois, un castor se tourna vers un rat musqué et ils se touchèrent le nez. Encore une autre fois, je vis un castor plonger sous un rat musqué pour jouer. Alors que le castor remontait à la surface, le rat musqué attrapa la fourrure du castor avec ses pattes de devant et s'assit sur son dos. Le castor nagea avec son petit frère le rat musqué accroché à lui, prenant soin de garder le dos au-dessus de l'eau.

Les castors avaient presque terminé de récolter leurs trembles pour l'hiver et jusqu'à maintenant, je n'avais vu que le vieux castor couper des arbres. Le soir du 19 octobre, je partis dans les bois de trembles mesurer et compter les arbres abattus. 112 trembles avaient été coupés, ils faisaient à l'endroit où ils avaient été coupés entre 5 et 28 centimètres de diamètre et entre 12 et 48 centimètres de haut par rapport au sol. Les trembles mesuraient entre 3,60 mètres et 6,40 mètres de haut.

Juste au moment du coucher du soleil, alors que je m'asseyais sur un bloc de roche près des trembles, je vis un castor nager dans le canal vers moi. Dans le bassin à la fin du canal, il renifla deux troncs, puis il sortit de l'eau et se dandina lourdement sur la piste que les castors empruntaient couramment pour aller jusqu'au bois de trembles et revenir en traînant les arbres coupés. Sa queue large se mouvait d'un côté à l'autre et il la traînait par endroits au sol. C'était un vieux

---

18 NdT : rongeur originaire d'Amérique du Nord qui vit le long des cours d'eau et rivières comme le castor. Il construit lui aussi des huttes et des terriers. Il est trois fois plus petit que le castor.

castor que je n'avais encore jamais vu. Il devait bien peser 20 kg. Il jeta un coup d'œil aux trembles et s'arrêta à plusieurs mètres d'un tremble, puis il se redressa et regarda la cime du tremble. Il se tourna et regarda la cime d'un autre arbre. Il se dirigea vers le deuxième arbre. Je vis plus tard que les branches en hauteur du premier arbre étaient enchevêtrées dans les branches d'un pin.

Accroupi sur les pattes arrière, la queue mise derrière lui en guise de support, il se redressa et posa les mains sur un tremble de 10 centimètres de diamètre. Il mordit plusieurs fois l'arbre puis quelques centimètres au-dessus, il mordit encore l'arbre aussi haut que possible. Après ça, il retira des morceaux puis il se mit à ronger l'arbre entre les deux entailles qu'il venait de faire en répétant le même processus : mordre en bas puis mordre en haut, retirer des morceaux de bois, ainsi de suite, à la manière d'un bûcheron qui coupe un arbre à la hache.

Il s'arrêta une fois pour se gratter. Il se frotta le dos contre la souche et se griffa à l'endroit qui le démangeait avec la main gauche. Il mangea une bouchée d'écorce puis se remit au travail. Il ne rongeait l'arbre que du même côté et lorsqu'il fit les dernières entailles, il rassembla un petit monticule de déchets au pied de la souche et grimpa dessus pour prendre de la hauteur et ronger les derniers morceaux pour faire tomber l'arbre. Les trembles étant des arbres au bois tendre, il avait mis un peu moins d'une heure – 57 ou 58 minutes – pour couper ce tremble de 10 centimètres de diamètre. Quand l'arbre craqua, il galopa derrière un pin et resta derrière le pin jusqu'à ce que le tremble tombât. Il revint en se dandinant à l'arbre tombé et coupa plusieurs petites branches avec les dents. Il se gratta le cou puis il se mit rapidement à ronger le tronc en deux. Mais avant d'avoir terminé de le ronger en deux, il prit peur, peut-être en sentant mon odeur, et partit à toute vitesse vers le canal où il plongea en sécurité dedans, claquant la queue à la surface de l'eau.

Durant l'été, les castors prennent leur repas dehors, assis sur la maison, sur la rive de l'étang, sur un tronc qui flotte sur l'eau ou sur un bloc rocheux qui dépasse de l'eau. Si un prédateur arrive, le castor plonge en une seconde dans l'eau pour se mettre à l'abri. En hiver, le castor sort de la maison par le tunnel qui descend à l'eau. Il nage jusqu'à la pile de nourriture, coupe un petit bout de bois, puis le remonte à l'intérieur de la maison. Dans la maison, il s'assoit sur le plancher au-dessus du niveau de l'eau pour manger l'écorce du bois de tremble qu'il a rapporté.

Les castors coupèrent 208 trembles dans le bois, les tirèrent jusqu'au canal, les firent flotter jusqu'en bas puis les déposèrent dans l'étang. Cela représentait une large réserve de nourriture pour l'hiver. Il y avait probablement neuf castors dans cette colonie et ils ne consommèrent qu'un peu plus de la moitié de leur réserve.

Chaque printemps, les castors sortent de leurs quartiers d'hiver dès que les conditions météorologiques le permettent et mangent tout de suite de la nourriture fraîche. S'il reste du bois coupé au fond de l'étang dans la pile de nourriture qui a servi de réserve pour l'hiver, les castors s'en servent l'automne suivant pour réparer la maison et le barrage.

De nombreuses vieilles colonies de castors ont un terrier en plus de la maison, et d'autres ont un tunnel sous l'étang qui sort sur la rive à quelques mètres du bord de l'eau. Les castors utilisent parfois ce tunnel en hiver quand la surface de l'étang est gelée. Mais les nouveaux colons de la colonie de la Prairie n'avaient pas de tunnel ni de terrier.

Ces castors pionniers avaient fondé un nouveau chez-eux avant l'arrivée de l'hiver. La maison était achevée et l'eau profonde de l'étang abritait la récolte d'automne pour l'hiver. Ils finirent leurs préparatifs pour l'hiver plusieurs semaines avant les premières chutes de neige et un mois avant que l'étang ne gelât solidement.

L'étang principal est séparé du cours d'eau. Les castors le relient au cours d'eau par un fossé qu'ils creusent au bord d'un autre étang, ainsi l'étang principal reçoit peu de sédiments. Mais chaque année, de fines particules passent quand même au travers et une fine couche de sédiments se dépose ainsi au fond de l'étang, rendant l'étang moins profond. Bien que l'étang de la colonie de la Prairie perdurera plus longtemps que la plupart des autres étangs, il aura la même destinée : il se remplira de sédiments puis de matières terreuses, il disparaîtra sous un sol riche où de l'herbe, des fleurs sauvages, des saules et des arbres finiront par pousser dessus.

Je vis plusieurs fois les castors de la colonie de la Prairie dans l'étang à travers la glace. Je les vis près de la pile de nourriture en train de couper des bâtons de bois à manger. Je les vis d'autres fois nager dans l'eau froide comme s'ils prenaient leur bain quotidien.

Quand la couche de glace qui recouvrait l'étang était encore transparente, je les vis une fois jouer tous les neuf dans l'eau sous la glace. Ils se battaient par deux, se regroupaient ensemble, faisaient la course à deux ou à trois, suivaient le leader qui nageait en cercle dans l'eau ou qui quadrillait l'étang. De temps en temps, un castor s'éloignait et s'élevait jusqu'à la surface gelée où il y avait une poche d'air sous la glace et je suppose qu'il prenait une ou deux respirations avant de repartir jouer.

Castor joueur

Un canal de castors dans la colonie de la Prairie

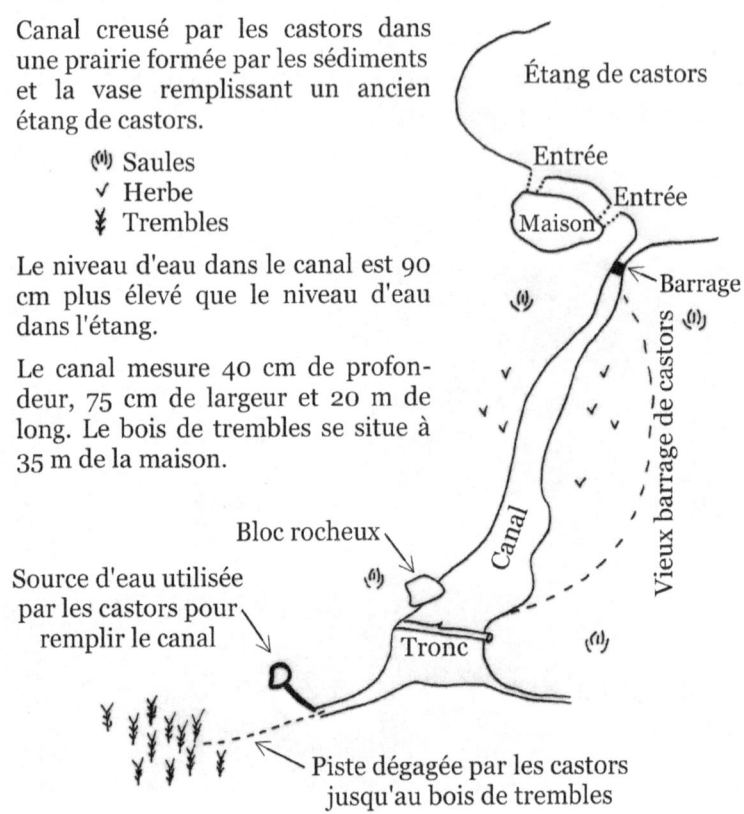

Canal creusé par les castors dans une prairie formée par les sédiments et la vase remplissant un ancien étang de castors.

- ⁽ᵂ⁾ Saules
- ✓ Herbe
- ❦ Trembles

Le niveau d'eau dans le canal est 90 cm plus élevé que le niveau d'eau dans l'étang.

Le canal mesure 40 cm de profondeur, 75 cm de largeur et 20 m de long. Le bois de trembles se situe à 35 m de la maison.

Étang de castors
Entrée
Entrée
Maison
Barrage
Vieux barrage de castors
Canal
Bloc rocheux
Source d'eau utilisée par les castors pour remplir le canal
Tronc
Piste dégagée par les castors jusqu'au bois de trembles

Plan de la colonie de la Prairie

Chapitre 18
Famine chez les castors

Un automne, le froid s'installa avant que mes voisins castors n'eussent entreposé leur réserve de nourriture pour l'hiver. Ils avaient récolté des arbres dans un bois à plusieurs kilomètres en aval du cours d'eau mais un feu de forêt de grande ampleur avait dévasté la région pendant qu'ils se préparaient pour l'hiver. Les castors durent quitter les lieux devenus inhabitables. Comme un seul homme, ils se mirent en route pour fonder une nouvelle colonie, vivant épreuves et aventures que tous les pionniers connaissent.

L'endroit qu'ils choisirent pour leur nouvelle maison se trouvait sur un affluent pas loin de ma cabane. Ils bâtirent une maison typique faite de bâtons, de mottes d'herbe et de boue. Le cours d'eau coulait au milieu d'une ancienne prairie glaciaire partiellement boisée. Sur un côté se trouvait une ceinture de pins. Au-delà des pins, il y avait un vaste bois de peupliers faux-tremble. En haut du cours d'eau, la montagne s'élevait abruptement jusqu'au sommet du mont Meeker.

Pendant que les castors travaillaient sur un barrage qui devait leur donner suffisamment d'eau dans l'étang pour éviter qu'il ne gelât jusqu'au fond, un trappeur arriva dans la région. Il s'attarda ici, détruisit et redétruisit le barrage trois ou quatre fois. Quand il quitta enfin la région, on était déjà à la mi-automne et la nouvelle colonie venait tout juste de commencer les préparatifs d'hiver. Le barrage était toujours trop bas et inachevé. Ils n'avaient pas encore commencé à couper et à stocker des trembles pour leur réserve d'hiver.

Ces castors avaient beaucoup travaillé et bien planifié leur travail. Mais ils subissaient malchance après malchance. Une vague de grand froid arriva et porta un coup dur sur la récolte que les castors rassemblaient. Les eaux calmes du cours d'eau gelèrent et entraînèrent la formation d'une épaisse plaque de glace à la surface de l'étang. Il allait être difficile pour les castors de transporter leur nourriture – leurs trembles coupés – dans de telles conditions.

Mais les castors devaient absolument obtenir pour leur colonie une réserve de trembles et de bouleaux fraîchement coupés pour leurs provisions d'hiver. Habituellement, les castors coupent les arbres les plus faciles d'accès : ils coupent en premier ceux au bord de l'étang, puis ceux en amont du cours d'eau et finalement ceux sur les pentes en aval proches du cours d'eau. Un castor s'éloigne rarement de plus de quinze mètres de l'eau. Mais, si nécessaire, il descendra en aval et fera flotter les arbres à contre-courant ou alors il les traînera jusqu'en haut de pentes raides pour remonter à l'étang. Cet étang n'était pas entouré d'une bordure de trembles comme c'est en général le cas.

À la fin octobre, je leur rendis visite. En bas de l'étang gelé se trouvait un trou de 60 centimètres dans la glace. Les castors avaient fait ce trou en rongeant la glace avec leurs dents mais je ne pouvais imaginer dans quel but.

Une équipe de castors bûcherons avaient commencé à travailler dans un petit bois à environ 60 mètres du trou dans la glace. Ils coupaient des trembles d'environ 10 centimètres de diamètre et 3,60 mètres de haut. Avant de traîner les trembles coupés jusqu'à l'étang, les castors avaient d'abord dégagé un passage dans les bois. Ils avaient retiré chaque broussaille qui obstruait le passage et coupé en deux chaque tronc qui gênait. Ils avaient roulé et poussé les troncs sur le côté.

Traîner des arbres coupés jusqu'à l'étang était une tâche difficile et lente et c'était aussi un travail dangereux pour les castors – des animaux qui se déplacent lentement sur terre – de s'éloigner autant de l'eau. Le castor est un animal lourd à courtes pattes. Avec ses pieds arrière palmés, c'est un nageur rapide dans l'eau. Mais sur terre, il est empoté et c'est avec effort qu'il se déplace lentement.

Quelques jours plus tard, je compris à quoi servait le trou dans la glace. Des empreintes fraîches montraient que les castors passaient par ce trou pour sortir de l'étang gelé et aller jusqu'aux bois. Ils faisaient passer leurs trembles coupés par le trou pour les entreposer au fond de l'étang. Ils avaient enfin commencé à stocker leur réserve de nourriture pour l'hiver.

Je suivis le passage emprunté par les castors pour aller

jusqu'au bois. Ils avaient abattu un certain nombre de trembles. Leur souche se tenait à environ 40 centimètres au-dessus de la neige. Deux arbres étaient toujours à l'endroit où ils étaient tombés. Ils faisaient environ 15 centimètres de diamètre et 6 mètres de long. Avant d'être traînés jusqu'à l'étang, les arbres avaient été rongés et coupés en sections allant de 90 centimètres à 1,80 mètres de long.

Les castors n'avaient pas complètement fini leur récolte quand d'importantes chutes de neige tombèrent. Ils furent obligés d'abandonner le bois où ils coupaient les trembles et le passage qu'ils avaient dégagé pour tirer les trembles du bois jusqu'à l'étang. L'autre bois de trembles le plus proche était à seulement 18 mètres du bord de l'étang. Mais une épaisse ceinture de pins et des gros troncs d'épicéas qui gisaient pêle-mêle au sol après un feu de forêt se tenaient entre l'étang et cet autre bois de trembles.

Mais ce n'étaient pas la neige épaisse, les pins en nombre et les troncs au sol qui allaient les arrêter dans leur quête de nourriture. Leurs empreintes dans la neige montraient qu'ils partaient travailler au-delà de la ceinture de pins. Une nuit, cinq castors s'étaient traînés avec effort jusqu'aux trembles, avaient abattu plusieurs arbres et les avaient tirés jusque dans l'étang. Mais les loups semblèrent réaliser la détresse des castors. Ils rôdaient dans les environs, guettant une opportunité pour attraper les castors poussés par la faim. Pendant que les castors récoltaient des arbres dans le bois de trembles, les loups s'étaient jetés sur l'un d'eux. Un autre castor qui était en chemin vers l'étang avait été poursuivi puis rattrapé. Il avait été tué dans la neige.

Durant les trois jours de beau temps qui suivirent, les castors coupèrent peu de trembles, toujours vigilants et guettant la présence de loups. Puis arriva une autre tempête de neige. La récolte pour l'hiver fut encore retardée et compromise.

Mais les castors n'abandonnent jamais. Afin d'obtenir les trembles pour leur nourriture d'hiver, ils finirent par creuser un tunnel. Ils commencèrent le tunnel au fond de l'étang près de la rive et creusèrent vers l'extérieur jusqu'au bois de trembles. Le tunnel se trouvait à 60 centimètres sous terre sur

4,50 mètres de long. À partir de là, le tunnel montait en pente puis s'ouvrait sous les racines d'un pin près des trembles. Ce ne fut que sur les derniers mètres que les castors eurent des difficultés à creuser le tunnel dans le sol gelé. Ailleurs, un épais tapis de feuilles mortes et la neige épaisse avaient apparemment freiné la progression du gel dans le sol et la terre n'était pas gelée en profondeur.

À la sortie du tunnel, les castors dégagèrent un passage d'environ 45 centimètres de large jusqu'au bois de trembles pour traîner les arbres. Pour libérer le passage, ils coupèrent trois ou quatre gros troncs et creusèrent sous plusieurs autres arbres. Enfin, ils abattirent les trembles, les coupèrent en sections, les traînèrent jusqu'au tunnel, les poussèrent dans le tunnel jusqu'à l'étang sous la glace et finalement les empilèrent au fond de l'étang près de la maison.

Des bancs de neige épais et solides se formèrent dans le bois pendant que les castors continuèrent de transporter lentement leurs arbres. Quelques trembles furent abattus du haut d'un banc de neige haut de 1,50 mètres. L'été suivant, ces souches faisaient penser que des castors préhistoriques aussi grands que des ours étaient réapparus sur terre.

Finalement, le froid, la glace, la neige et les prédateurs mirent fin à la récolte des castors. La nourriture que la colonie avait rassemblée pour sa réserve d'hiver était moitié moins que ce dont elle aurait besoin. Mais les castors avaient fait de leur mieux et, quoi qu'il arrive, ils y feraient face, alertes et stoïques.

Les castors eurent un hiver difficile. Je leur rendis plusieurs fois visite. De temps à autre, la neige recouvrait l'étang gelé mais le vent, en s'infiltrant par le passage que les castors avaient dégagé des bois jusqu'à l'étang, balayait généralement la neige et laissait la surface gelée de l'étang à découvert. Un jour, en regardant à travers la glace de l'étang, je comptai six castors. Mais la plupart du temps, je n'arrivais à en voir qu'un ou deux. La population de cette colonie comptait probablement entre douze et quinze castors.

La zone que les castors choisirent pour former leur étang était avant de devenir leur étang à demi-marécageuse et couverte en amont d'une épaisse végétation de plantes qui aimaient l'eau. Les castors à court de nourriture mangèrent les racines de carex, les bulbes de lys, les tubercules de nombreuses plantes et les longues racines juteuses de saules et d'aulnes qu'ils trouvèrent en haut de cette zone.

Je supposai que ce n'était qu'une question de temps avant que la colonie ne fût bloquée par la glace sans pouvoir accéder à ces racines. Mais les castors creusèrent dans le fond de l'étang une voie navigable – un profond canal d'environ 60 centimètres de large et 60 centimètres de profondeur – qui partait de la maison située au milieu de l'étang jusqu'au cœur de la zone où se trouvaient les racines. Même après que l'étang fut en grande partie gelé jusqu'au fond, les castors avaient toujours un passage direct vers les racines.

L'entraide est un élément-clé de la vie des castors. Je ne sais pas combien de jours d'efforts il avait fallu pour creuser ce canal, mais quand un des castors dans une colonie travaille, tous les castors travaillent. Depuis la fin de l'été, ces castors avaient effectué tâche après tâche. C'étaient ensemble qu'ils avaient travaillé pour le bien-être de chacun dans la colonie. Avec l'entraide, les colonisateurs castors accomplissent beaucoup en peu de temps. L'immense amour qu'ils éprouvent pour leur maison et qui les pousse à rester longtemps au même endroit et le travail particulier que cela demande apportent des changements sur terre qui durent parfois pendant des siècles.

Mais ils venaient seulement de commencer à déterrer les racines au fond de l'étang quand la glace, s'épaississant toujours plus, recouvrit les racines, leur nourriture de survie. L'eau aurait dû être plus profonde dans cette zone mais, touchés bien tôt par la malchance, les castors n'avaient pas pu construire et élever le barrage aussi haut qu'il aurait dû l'être.

Je ne sais pas comment ils gérèrent la pénurie de nourriture, s'ils se mirent ou non à rationner. Mais aucun castor n'eut plus que sa part : les castors coopèrent et travaillent ensemble et aussi longtemps que la réserve de nourriture dure, chacun a sa part.

Par endroits, la glace qui recouvrait l'étang était transparente et je pouvais apercevoir à travers la glace les castors qui déterraient avidement à manger. Ils arrachaient les racines juteuses, mordaient dedans et dévoraient tout ce qu'elles contenaient. Mais ce ne fut que l'été suivant, quand le barrage cassé laissa s'échapper l'eau de l'étang, que je réalisai à quel point le fond de l'étang avait été griffé, lacéré et déterré en profondeur. J'avais vu les porcs déterrer des jardins et les grizzlys mettre des prairies de montagne sens dessus dessous et tout retourner, mais rien n'égalait ça.

Cette région montagneuse était toujours blanche avec l'hiver, l'étang toujours pris dans la glace, bloquant les castors en dessous, quand les réserves de trembles et de racines s'épuisèrent. Les castors sont des végétariens stricts. Il y avait des truites dans l'étang mais ils n'en attrapèrent aucune. Ils ne mangèrent pas non plus le corps de ceux morts de faim, comme c'est parfois le cas chez d'autres animaux. N'ayant plus rien à manger, les castors devaient maintenant s'échapper de leur prison de glace ou mourir.

En étudiant les lieux au printemps, je découvris que les castors avaient essayé de s'échapper par le long tunnel qu'ils avaient creusé pour obtenir les trembles mais la glace avait presque complètement rempli le tunnel, bloquant le passage. Ils avaient alors entrepris de creuser un nouveau tunnel mais ils avaient manifestement découvert que c'était impossible à réaliser à travers la terre graveleuse, dure et gelée. Les castors sont des ingénieurs – ils savent aussi bien manier la terre en construisant des barrages ou en créant des canaux que couper des arbres. Mais creuser un tunnel dans une terre dure et gelée était une tâche quasi impossible pour eux.

Ils tentèrent alors de faire un trou dans la couche de glace de 60 centimètres qui recouvrait la surface de l'étang, ce que je découvris plus tard lors du dégel. Et ils avaient presque réussi. Ils avaient dressé au bord de la maison une fondation faite de boue et de bâtons pour pouvoir travailler dessus et ronger la couche de glace en haut. Ils avaient réussi à ronger jusqu'à 10 centimètres d'épaisseur de glace. Les castors sont des experts dans l'art de ronger et ils sont capables de ronger et de faire tomber des arbres de plus de 60 centimètres de diamètre avec leurs dents puissantes et leurs fortes mâchoires. Peut-être auraient-ils réussi éventuellement mais ils trouvèrent apparemment un autre moyen – un meilleur moyen – pour s'échapper de l'étang.

Ils creusèrent finalement un tunnel vers l'extérieur dans la terre qui n'avait pas gelé en dessous du barrage. Ils étaient partis du fond de l'étang et avaient creusé à partir de là un tunnel de 40 centimètres de long presque en ligne droite dans la fondation du barrage, à une quarantaine de centimètres sous la surface et en dessous du gel. Le tunnel sortait à l'extérieur de l'étang, sous la terre gelée du lit du cours d'eau recouvert de glace. Comme ils avaient dû creuser ce tunnel sous l'eau, cela avait dû être pour eux un travail lent et fastidieux à accomplir. Ils avaient dû constamment se relayer pour y parvenir. Quand un castor qui travaillait avait besoin de respirer, il devait nager jusqu'à la maison et grimper jusqu'au plancher au-dessus du niveau de l'eau pour pouvoir respirer.

Les empreintes de six castors laissées par leurs pieds boueux sur la neige à la sortie du tunnel révélaient le nombre d'entre eux qui avaient survécu à la pénurie de nourriture cet hiver-là. Le printemps arriva et la chaleur et la crue brisèrent la glace sur l'étang un mois après qu'ils s'échappèrent. Je ne vis aucun jeune castor. Les castors qui avaient survécu vécurent dans des terriers sur la rive le long du cours d'eau jusqu'à l'été. Puis ils partirent. À la fin août, eux ou six autres castors arrivèrent sur les lieux. Ils finirent le barrage et réparèrent la maison et à la mi-octobre, ils avaient une immense pile de nourriture dans l'étang pour l'hiver.

Chapitre 19
Le castor et ses ouvrages

Je n'ai jamais pu décider qui j'aimais le plus, les oiseaux ou les arbres, mais peu importe car ce sont de vrais compagnons. Ils peuvent avoir la première place ensemble. Mais pour la deuxième place en ce qui concerne mon affection pour tout être sauvage, je suis sûr qu'il s'agit des castors. Les castors sont tellement intéressants. Ils gèrent très bien leurs ressources naturelles. Ils sont si utiles, occupés, talentueux et charmants que je pense vraiment que leur vie et leurs actes méritent une plus grande place dans la littérature et une meilleure place dans notre cœur. Leurs travaux d'ingénierie sont d'une grande valeur pour l'homme. Non seulement leurs ouvrages aident à répartir l'eau et à contrôler avantageusement le débit des cours d'eau mais ils attrapent aussi d'énormes quantités de terre et de sédiments – qui constituent la meilleure nourriture sur terre pour les plantes – et ils empêchent ainsi que cette nourriture soit emportée dans l'eau et perdue. En aidant à faire ces deux choses – gouverner les rivières et conserver les sols – les castors jouent un rôle important et si la forêt et les castors pouvaient agir comme ils le souhaitent avec l'eau, les crues seraient évitées, les ruisseaux se n'assécheraient jamais et un débit relativement régulier serait maintenu dans les rivières tous les jours de l'année.

Quand plusieurs castors établirent une colonie, ce fut pour moi l'occasion d'observer le travail de construction le plus intéressant que j'aie jamais vu. Les castors travaillèrent pendant plusieurs semaines et je passais des heures et des jours à observer le déroulement de leurs opérations. Ma cachette sur un rocher de granit me permettait d'avoir une bonne vue sur leur travail – la coupe et le transport de petits troncs, la construction d'un barrage et l'élévation de la maison. J'étais à proximité des arbres que les castors faisaient tomber. De temps en temps, pendant le travail de construction de cette colonie, je voyais plusieurs castors près les uns des autres couper des arbres en même temps. Une fois, l'un était accroupi sur un arbre tombé à terre, un autre était sur la branche d'un arbre en vie et un troisième sur un bloc rocheux, chacun occupé à couper son arbre. À chaque fois, ils se servaient de leur queue comme d'un siège et comme d'un support. En coupant, le castor était assis droit et serrait le saule avec les pattes avant ou alors il posait les mains contre l'arbre, inclinant en général la tête sur le côté. Le diamètre moyen des arbres coupés était d'environ dix centimètres et un arbre de cette taille était rapidement abattu d'une traite sans que le castor ne prît de pause.

Quand l'arbre était presque coupé, le castor bûcheron qui abattait l'arbre émettait un bruit sourd en frappant le sol avec sa queue : c'était le signal pour que les autres castors qui coupaient des arbres à côté déguerpissent et se mettent à couvert. Mais le castor ne donnait pas toujours ce signal d'avertissement et une fois, un castor qui n'avait pas été prévenu échappa de justesse à un arbre qui tomba dangereusement près de lui.

En général, avant de couper un arbre, les castors s'arrêtaient et semblaient regarder autour d'eux comme s'ils choisissaient un endroit pour s'accroupir ou s'asseoir pendant qu'ils couperaient leur arbre ; mais de ce que je pouvais voir, ils ne semblaient pas du tout prendre en compte la direction dans laquelle leur arbre tomberait. C'est le cas pour chaque castor que j'ai observé commencer à couper un arbre et j'en ai observé de très nombreux. Mais chaque castor a son individualité et de temps en temps, j'en remarquais un qui montrait davantage de talent ou de jugement. Il est donc possible que certains castors essayent de faire tomber des arbres dans une certaine direction ou vers un endroit précis. En fait, je me souviens d'avoir vu dans deux colonies de castors des souches qui suggéraient que le castor qui avait coupé les arbres avait planifié la façon dont les arbres devraient tomber. Dans la première colonie, je ne pus juger que d'après les traces laissées par les souches ; mais le côté sur lequel l'entaille principale était faite et le fait que, dans deux cas, l'entaille avait été faite sur un côté de l'arbre peu pratique pour le castor qui coupait semblaient indiquer qu'il avait prévu de faire tomber l'arbre dans une direction particulière. Dans l'autre colonie, je connaissais déjà la disposition des arbres avant qu'ils ne fussent coupés et dans ce cas-là, les preuves étaient si complètes que je fus obligé d'en conclure que le castor qui avait coupé ces arbres s'était efforcé de les faire tomber dans une direction définie. Cependant, dans chaque cas, à en juger par les marques laissées par les dents, je pense que c'était le même castor qui avait coupé les arbres. De nombreuses observations m'amènent cependant à croire que la plupart des castors ne prévoient pas la façon dont les arbres vont tomber.

Une fois qu'un arbre grand est tombé au sol, les castors retirent les branches et coupent le tronc en sections suffisamment petites pour qu'elles puissent être traînées, roulées ou poussées jusque dans l'eau où le transport est plus facile.

Les jeunes castors que j'ai vus couper des arbres travaillent plus tranquillement que les castors plus âgés. Après avoir mordu dans le tronc quelques fois, ils s'accordent habituellement une pause pour manger un bout d'écorce ou alors ils regardent fixement autour d'eux sans énergie pendant un moment. Quand ils travaillent, les jeunes castors semblent être les plus performants et les plus actifs quand ils transportent une branche du flanc de la colline jusqu'à la maison dans l'étang. Un jeune castor attrape entre les dents l'extrémité d'une branche, puis jetant la branche par-dessus l'épaule comme un chiot en train de faire la course avec une corde ou un chiffon, il file vers l'étang. Une fois dans l'étang, il nage la tête au-dessus de l'eau jusqu'à la maison ou jusqu'au barrage avec la branche qu'il tient entre les dents et qu'il traîne dans l'eau par-dessus son dos.

La maison de castors typique qu'on peut voir dans les Rocheuses de nos jours se tient dans l'eau, près du bord supérieur de l'étang créé par le barrage que les castors ont construit à proximité de l'endroit où le ruisseau entre dans l'étang. Sa fondation est d'environ 2,40 mètres de diamètre, elle fait entre 1,50 mètres et 3 mètres de haut et ressemble à un cône à la forme grossière. La plupart des maisons sont faites de bâtons et de boue et sont apparemment montées sans beaucoup d'égards pour la pièce à vivre qui est formée plus tard par les castors en creusant ou rongeant de l'intérieur. L'entrée de la maison est sous le niveau de l'eau et se situe en général sur le fond de l'étang. Chaque automne, à l'approche de la fin de la saison, la maison est enduite à l'extérieur avec de la boue et je suis enclin à penser que cet enduit n'est pas tant pour réchauffer la maison que pour lui donner une armure protectrice quand la boue gèle, une armure qui empêchera les prédateurs de l'hiver de pénétrer dans la maison.

Chaque automne, les castors empilent près de la maison un large tas de broussailles faites de branches et de troncs fraîchement coupés, la plupart venant de trembles, de saules, de peupliers ou d'aulnes. Ce sont leurs réserves de nourriture et durant l'hiver, ils se nourrissent de ce bois vert fraîchement coupé, complétant leur repas avec des racines de plantes aquatiques qu'ils tirent du fond de l'étang.

Courant mai, cinq bébés castors font leur apparition et un peu plus tard, ils explorent l'étang, font la course, se battent pour jouer et éclaboussent de l'eau dans tous les sens aussi joyeusement que le font les enfants. De temps en temps, ils prennent un bain de soleil sur un tronc renversé ou ils jouent ensemble sur le tronc, essayant de se pousser les uns les autres dans l'eau. Ils jouent souvent sur les pentes glissantes comme des toboggans ou dans les canaux qui se situent entre les étangs ou qui mènent aux étangs. Vers la fin de l'été, ils apprennent à couper des arbres et à construire des barrages.

Un castor a l'air maladroit quand il travaille sur terre. Quand il se sert de ses bras et de ses mains, il fait penser à un singe tandis que son corps généralement lent à se mouvoir et gauche fait penser à un hippopotame. En utilisant sa tête, ses mains, ses dents, sa queue et ses pieds palmés, le castor accomplit beaucoup de choses. La queue d'un castor est utile et c'est un appendice dont il se sert énormément. La queue lui sert de gouvernail dans l'eau, de siège pour s'asseoir et à frapper le sol pour émettre des signaux. Il se peut que le castor utilise sa queue comme une truelle mais je ne l'ai jamais vu s'en servir comme ça. Ses quatre dents de devant sont d'excellents outils au bord tranchant pour couper et travailler le bois. Ses pieds palmés lui sont les plus utiles pour la navigation quand il transporte du bois dans des eaux profondes et ses mains le sont pour la construction des maisons et en particulier, la construction des barrages. C'est en construisant des barrages que le castor se montre le plus talentueux et démontre ses capacités et son travail de réflexion le plus abouti et le plus recherché, car j'avoue avoir la conviction que le castor raisonne. Je l'ai si souvent vu changer ses plans si intelligemment et faire face aux urgences si rapidement et si bien que je ne le vois que comme un être capable de raisonner.

Je me suis souvent demandé si les castors étudiaient d'abord un terrain avant de commencer à y construire un barrage. Je les ai vus rôder et chercher comme s'ils examinaient le terrain le long des ruisseaux juste avant de commencer les opérations de construction d'un barrage là. Des preuves circonstancielles permettraient de montrer qu'ils étudient bien d'abord le terrain. Mais on n'en a aucune preuve. J'ai remarqué que les castors semblaient prendre en considération certaines choses avant de commencer à construire un barrage : par exemple, la disponibilité sur place de nourriture et de matériaux nécessaires à la construction du barrage, l'emplacement du barrage pour limiter la quantité de matériaux à utiliser et à transporter et s'assurer la création d'un réservoir d'eau aussi grand que possible pour l'étang. En construisant le barrage, les castors prennent en général avantage des blocs rocheux, des massifs de saules et des irrégularités du sol. Mais ils font souvent des erreurs de jugement. Je les ai vus abandonner des barrages à la fois avant et après les avoir terminés. La raison apparente était que les barrages avaient soit échoué, soit échoueraient à inonder d'eau la zone dont ils avaient besoin ou qu'ils souhaitaient. Leurs efforts et leurs essais n'aboutissent pas toujours à un succès. Il y a environ vingt ans, près de Helena dans le Montana, un certain nombre de castors tentèrent audacieusement de créer un barrage sur la rivière Missouri. Ils persévérèrent mais après de longs efforts, ils finirent par abandonner. On peut attribuer aux castors de faire des erreurs, d'échouer ou de réussir mais en tout cas, ils sont capables de prévoir. Si une colonie de castors se voyait confier un ruisseau long de cinq kilomètres et bordé d'arbres, en pleine nature, sans être dérangée pendant toute une saison ou jusqu'à ce que les castors aient eu le temps de choisir un site où s'établir pour en tirer les meilleurs avantages, il est probable que le site choisi montrerait qu'ils ont examiné le ruisseau sur toute sa longueur et qu'ils ont ensuite choisi en conséquence le meilleur emplacement.

Dès que le barrage broussailleux d'un castor est achevé, il commence à accumuler des débris, des déchets et de la boue. Peu de temps après, il se recouvre d'une couche de terre et des saules commencent à pousser dessus. En quelques années, le barrage devient solide, terreux et il est recouvert de saules. Les barrages varient en longueur de quelques mètres à plusieurs centaines de mètres. Un jour, j'en ai mesuré un sur la rivière South Platte qui faisait 335 mètres de long.

Un barrage de castors a une influence incroyable et stupéfiante. Dès qu'il est achevé, il devient une autoroute de la nature sauvage. Il est utilisé jour et nuit. Les souris et les porcs-épics, les ours et les lapins, les lions de montagne et les loups s'en servent comme d'un pont. Posées sur le barrage en soirée, les biches gracieuses se reflètent dans l'étang paisible. Proies et prédateurs se précipitent dessus ; batailles et parades nuptiales se déroulent dessus. Il est souvent détruit par les sabots ou les griffes d'animaux luttant jusqu'à la mort pour survivre et souvent, très souvent, il est taché de sang. De nombreuses scènes romanesques, charmantes, féroces et sauvages se produisent sur le barrage d'un castor.

On pourrait écrire un livre intéressant et important au sujet de la terre et des sols altérés positivement par l'action des castors et je pense depuis longtemps que les castors méritaient au moins un chapitre dans le livre magistral de Marsh, « La terre modifiée par l'action humaine[19] ». L'expression « travailler comme un castor » est quasiment devenue une expression universelle employée pour signifier la persévérance, l'énergie et la ténacité mais qui réalise tout ce qu'un castor accomplit ? Ses ouvrages monumentaux restent méconnus et

---

19 NdT : « The Earth as modified by Human Action » de George Perkins Marsh, paru en 1874.

absents des livres.

Dès l'instant qu'un barrage de castors est achevé, il exerce une influence incontestable sur le débit de l'eau et tout particulièrement sur la quantité de sédiments que l'eau apporte en circulant. Les sédiments, au lieu de s'enfoncer dans l'eau pour remplir le lit d'un cours d'eau ou d'encombrer l'embouchure d'une rivière, de remplir un port et de causer des dégâts à un millier de kilomètres de là, s'accumulent dans l'étang derrière le barrage et forment une couche régulière sur toute la surface de l'étang. Avec le temps, cette couche devient si épaisse que l'étang est rempli de sédiments. Mais avant que l'étang ne soit complètement rempli de sédiments, l'étang et le barrage retardent tous les deux tellement l'eau des crues en contrôlant le débit de l'eau que les crues diminuent de volume, et l'eau ainsi retardée est en partie ajoutée au débit des cours d'eau quand le niveau de l'eau est bas. Ainsi, à tout instant, le débit d'un cours d'eau est constant.

La régulation du débit des cours d'eau est importante. Il y a seulement quelques jours pluvieux par an et toute l'eau qui descend des rivières tombe pendant ces quelques jours de pluie. Dès l'instant que l'eau touche la terre, elle est précipitée vers la mer et, à moins qu'il n'y ait des facteurs ou des paramètres pour retarder ce ruissellement, les rivières contiendraient naturellement de l'eau seulement pendant les jours pluvieux et un peu après. Le fait que certaines rivières contiennent de l'eau toute l'année est bien la preuve que quelque chose a retenu une partie de l'eau tombée pendant ces jours de pluie.

Ce sont les forêts et les ouvrages des castors qui rendent le mieux ce service, permettant aux cours d'eau de rester pleins et de toujours couler. La pluie s'accumule dans les ruisseaux. Les ruisseaux conduisent l'eau jusqu'aux rivières. S'il y a un barrage de castors en travers d'une rivière, l'étang formé par le barrage deviendra un réservoir qui capturera et retiendra une partie de l'eau entrant dedans pendant les jours de pluie et ainsi retardera le passage de toute cette eau qui coule en travers du barrage. Les étangs de castors sont des réservoirs qui fuient. S'ils sont remplis à ras bord pendant les jours pluvieux, les fuites aident à maintenir un débit d'eau pendant les périodes de sécheresse. Un barrage de castors a ainsi tendance à distribuer aux cours d'eau situés en dessous une quantité modérée d'eau chaque jour. En d'autres termes, le barrage répand ou distribue l'eau des quelques jours de pluie en la répartissant sur toute l'année. Une rivière qui coule continûment toute l'année a une valeur inestimable pour l'humanité. Si des crues balayent la rivière, elles causent des dégâts. Si le niveau de l'eau devient trop superficiel, les rouages d'un bateau à vapeur ou d'une usine cessent de fonctionner et cela peut causer à la fois des dégâts ou des morts. En maintenant un niveau intermédiaire entre les deux extrêmes d'une eau trop haute et trop basse, le travail des castors et leurs ouvrages sont d'une importance considérable. En aidant positivement à contrôler une rivière, le castor rendrait un énorme service si on le laissait construire ses ouvrages aux sources des rivières. Pendant les périodes de fortes précipitations, l'écoulement de l'eau transporte, en particulier dans les zones non boisées, de grandes quantités de terre et de sédiments. Les barrages de castors capturent une grande partie des matières provenant de l'érosion des collines situées plus haut et ainsi empêchent une bonne partie de l'érosion le long des cours d'eau qu'ils contrôlent. Ils capturent et déposent ainsi sur place une terre extrêmement précieuse, la crème de la terre, qui serait autrement transportée au loin et perdue dans les rivières et les ports, entravant la navigation des bateaux et augmentant les factures pour faire fonctionner les ports et pour naviguer sur les rivières.

Il existe une vieille légende indienne qui raconte qu'après que le Créateur sépara la terre de l'eau, il employa des castors d'une taille gigantesque pour rendre la surface de la terre lisse et la préparer pour l'arrivée des hommes. Cette légende reconnaît bien la grande importance du travail des castors et de leurs ouvrages. Les barrages de castors ont eu un grand rôle dans la formation et la création d'une bonne partie des terres agricoles les plus fertiles d'Amérique. Aujourd'hui, il y a de nombreuses vallées paisibles et fertiles dont la richesse du sol a été accumulée et placée là par les activités d'ingénierie du castor avant l'arrivée de l'homme blanc. À la fois en montagne et dans les plaines, on peut encore voir une grande partie du bon travail que les castors accomplissent. Dans les montagnes, des ravins profonds et pratiquement inexploitables ont été remplis de sédiments par des barrages de castors et en temps voulu, ces ravins ont été changés en prairies. À ma connaissance, le cours supérieur de chaque rivière dans les Rocheuses traverse un certain nombre de prairies de castors, certaines d'entre elles s'étendant sur plusieurs hectares.

Sur le cours supérieur de la rivière Grand dans le Colorado, je fis un jour une étude poussée sur d'anciens ouvrages de castors. Une série de barrages de castors s'étendaient le long de ce cours d'eau sur plusieurs kilomètres, jusqu'à vingt barrages au kilomètre. Le long de cette succession de barrages, chaque barrage retenait l'eau amenée par le barrage au-dessus de lui. Ces barrages avaient accumulé de la terre et formé une série de terrasses qui, avec la pente modérée de la vallée, avaient en temps voulu formé une vaste prairie relativement nivelée le long de la rivière. La colonie de castors sur cette rivière avait été presque entièrement anéantie il y a longtemps de ça et, l'année avant mon arrivée, une pluie torrentielle créant une lame d'eau était tombée plus haut sur le flanc de la montagne. La crue, en se précipitant en bas, avait par endroits érodé profondément les matières qui s'étaient déposées grâce aux ouvrages des castors. À un endroit, l'eau avait creusé un passage de 6,70 mètres dans ces matières déposées et mettait au jour le fait que les dépôts s'étaient formés par une série de barrages l'un au-dessus de l'autre avec un nouveau barrage ayant été construit ou un ancien barrage agrandi en hauteur quand les sédiments s'étaient déposés et remplissaient presque entièrement l'étang. Ceci est seulement un exemple. Il y a des milliers d'endroits similaires dans les Rocheuses où les barrages de castors ont accumulé des dépôts d'une étendue plus ou moins grande que ceux sur la rivière Grand.

Seulement quelques castors vivent encore et même si une grande partie de leurs ouvrages perdureront pour servir l'humanité, dans de nombreux endroits, leurs vieux ouvrages ont disparu ou vont tomber en ruine par manque d'entretien.

Nous payons cher d'avoir causé la disparition et l'élimination irréfléchie de cet animal et d'avoir presque entièrement éteint son espèce. Un castor en vie est plus précieux pour nous qu'un castor mort. Le sol s'érode, le lit des rivières se remplit et la plupart des cours d'eaux américains fluctuent entre les crues et une eau trop basse. Une colonie de castors placée à la source de chaque cours d'eau modérerait ces extrêmes et ajouterait charme et beauté à de nombreux paysages qui s'enlaidissent maintenant à cause de l'érosion. On a besoin de coopérer avec les castors. Ils aideraient à faire des travaux de « remise en état » et seraient d'une grande utilité pour maintenir une eau profonde pour les voix navigables. J'ai confiance qu'à l'avenir, on les aidera à coloniser nos forêts nationales et qu'on les y laissera couper du bois sans permis.

Les castors sont l'Abou-ben-Adhem de la nature. Puisse leur tribu s'accroître.

FIN

Fiche sur le castor

Nom commun : « castor », « beaver » en anglais.
Nom scientifique : *Castor canadensis* en Amérique du Nord et *Castor fiber* en Eurasie.
Famille : rongeurs (mammifères).
Répartition actuelle : Amérique du Nord (Alaska, Canada, États-Unis, Nord du Mexique), Amérique du Sud* (Chili, Argentine), Europe du Nord* (Belgique, Finlande) pour le *Castor canadensis*. Pour le *Castor fiber* : Europe (Allemagne, Autriche, Belgique, France, pays de l'Est, Royaume—Uni, Scandinavie, Suisse) et Asie (Sibérie, Mongolie). *issu d'évasion ou de lâcher volontaire.
Description physique : mammifère à quatre pattes recouvert d'une fourrure épaisse brun roux ou brun foncé. Ses pattes de devant sont pourvues de mains à cinq doigts et ses pattes arrière ont des pieds palmés pourvus de cinq orteils. Doigts et orteils sont pourvus d'ongles griffus. Il possède une queue plate et arrondie qui lui sert de gouvernail sous l'eau et d'appui sur la terre.
Taille et poids : entre 80 cm et 1,20 m au total (environ 70 cm à 1 m pour la tête et le corps et environ 25 cm pour la queue), entre 15 et 30 kg.
Longévité : entre 10 et 20 ans.
Mode de vie : semi-aquatique, le castor est à la fois adapté pour un mode de vie sur la terre et dans l'eau. Il vit près des cours d'eau, des étangs et des lacs d'eau douce en colonie avec ses congénères et a besoin d'une eau permanente toute l'année et suffisamment profonde. Il passe l'été à voyager autour de chez lui et à parcourir de nouveaux territoires. En automne, il établit une nouvelle colonie ou retourne dans son ancienne colonie et répare la maison et le barrage puis récolte la nourriture pour l'hiver. En hiver, le castor n'hiberne pas mais il passe la saison dans son terrier ou sa maison dans l'étang. La surface de l'étang est gelée, il est donc sous l'eau à l'abri des prédateurs et tranquille avec sa pile de nourriture stockée en automne au fond de l'étang. Au printemps, il sort de l'étang dès que la surface n'est plus gelée.
Alimentation : écorce d'arbres à feuilles caduques avec de préférence l'écorce de tremble, de peuplier faux-tremble, de peuplier et de saule, puis ensuite écorce d'aulne, de bouleau, d'érable ; champignons, baies, fruits, feuilles, rhizomes, racines et

tiges de plantes aquatiques ou d'arbres poussant dans ou près de l'étang comme le carex, le lys des étangs (nénuphar), le saule, l'aulne. Ne mange qu'en cas d'urgence l'écorce d'épicéa, de pin et de sapin. Ne mange pas de viande, de poisson ou de bois mort. Il digère deux fois ses aliments (cæcotrophie) : il les ingère une première fois, les expulse puis ravale ses crottes molles.
Accouplement : monogame, les castors s'unissent pour la vie. Les accouplements ont lieu en hiver, la gestation dure trois mois et demi, les naissances ont lieu au printemps. La maturité sexuelle a lieu à l'âge de 3 ans.
Signes de présence : hutte ou maison, digue ou barrage, souches rongées, coulée (trace au sol laissée par le passage répété des castors), toboggan ou rampe, laissées (crottes), marquage du territoire au castoréum et en grattant la terre.
Ouvrages d'ingénierie : les castors sont des bâtisseurs, ils réalisent des maisons, des terriers, des canaux, des tunnels et forment des étangs en construisant des barrages sur des cours d'eau. Maisons et barrages sont constitués de bâtons et de branches entremêlés, de boue, de mottes d'herbe et de pierres.
Prédateurs : l'homme, le coyote, le glouton, le lion des montagnes (couguar ou puma), le loup, la loutre, le lynx, l'ours.
Confusion possible avec : la loutre (*Lontra canadensis*), le vison (*Neovison vison*), le ragondin appelé aussi castors des marais (*Myocastor coypus*), le rat musqué (*Ondatra zibethicus*) et le castor des montagnes (*Aplondotia rufa*).

Castor assis sur sa queue

Animaux qui ressemblent au castor :

Les loutres ont un corps élancé et un cou allongé tandis que les castors sont plus arrondis avec le cou plus court. Leur queue est recouverte de poils et n'est pas écaillée. Leurs poils sont plutôt brun foncé tandis que les castors sont plutôt brun roux. Elles vivent aussi dans des terriers au bord de l'eau mais elles sont carnivores. Elles pèsent entre 5 et 15 kg, le corps mesure entre 65 et 105 cm et la queue entre 30 et 50 cm.

Comme les castors, les ragondins ont un corps massif et arrondi et le cou court. En revanche, ils ont une queue longue, cylindrique et légèrement poilue, le museau clair et de longues moustaches blanches nettement plus grandes et visibles que celles des castors qui sont plus discrètes. Rongeurs semi-aquatiques, ils ont eux aussi des pieds palmés, vivent dans des terriers au bord de l'eau et ont de longues dents oranges. Ils sont deux fois plus petits que les castors avec une taille entre 40 et 60 cm pour le corps, une queue entre 20 et 45 cm et un poids moyen de 7 kg. Originaire d'Amérique du Sud, il s'agit de l'animal dont Enos A. Mills fait allusion quand il parle du castor d'Amérique du Sud (p. 32).

Gauche : le rat musqué est un rongeur aux pieds semi-palmés qui vit à proximité des eaux dans des terriers ou construit des huttes comme les castors. Plus petit que le castor et le ragondin, il mesure entre 30 et 40 cm et sa queue entre 20 et 30 cm. Il pèse 1,5 kg. Sa queue est longue, aplatie et écailleuse. Comme le castor, ses moustaches sont discrètes. Son visage est plus pâle et son pelage plutôt brun clair. Droite : le vison a un corps allongé, mesure entre 50 et 70 cm queue comprise et pèse entre 900 g et 2 kg, il a des pieds semi-palmés et vit près des eaux douces.

Dans l'eau : ragondin à gauche et rat musqué à droite

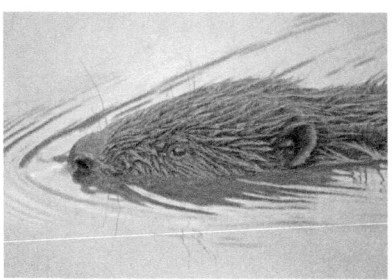

Castor dans l'eau

Dans son environnement, de haut en bas : castor qui mange dans l'eau près de la rive boueuse, castor au bord de l'eau, tête de castor dans l'eau.

À propos de l'auteur
Biographie d'Enos A. Mills

Enos A. Mills (22 avril 1870 - 21 septembre 1922) est considéré comme le père fondateur du parc national des Montagnes Rocheuses. Naturaliste, écrivain, photographe, guide, il a passé sa vie à étudier la montagne, la forêt, la vie des animaux sauvages, la vie des arbres. Il s'est focalisé sur les problèmes liés à l'exploitation forestière et la préservation de la nature et des terres. Pour lui, chaque animal, chaque plante, chaque forme de vie avait sa propre histoire à raconter.

Enos Abijah Mills est né le 22 avril 1870 à Pleasanton dans le Kansas aux États-Unis. Ses parents sont Enos Mills (1834-1910) et Ann Lamb Mills (1837-1923). La guerre de Sécession est finie depuis cinq ans quand il est né. L'Est s'industrialise tandis que l'Ouest reste une frontière où aller pour ceux souhaitant une nouvelle vie.

Ses parents sont des pionniers. Originaires de l'Indiana, ils voyagent jusqu'au Colorado pour tenter l'aventure minière et gagner leur vie. Ne réussissant pas, ils partent s'installer dans le Kansas pour fonder une ferme dans les années 1860. Enos a plusieurs frères et sœurs dont Joe Mills, également écrivain.

Sa mère, Ann, adore la nature et lui transmet son amour de la nature. Elle nourrit son imagination en lui racontant les expériences qu'elle a vécues le long de son voyage. Sa mère lui raconte des histoires merveilleuses sur le Colorado, sur les cours d'eau et sur les montagnes, pendant qu'il l'aide à la ferme dans ses tâches ménagères. Ses parents empruntent des livres pour éduquer leurs enfants.

Enfant, Enos a une santé fragile. Il aime être dehors et fait ce qu'il peut pour aider à la ferme mais souvent, il est trop malade pour pouvoir faire les corvées les plus difficiles. Enos ne va pas souvent à l'école à cause de son état de santé. À 13 ans, le médecin du village essaye en vain de diagnostiquer sa maladie et déclare qu'il ne vivrait pas très longtemps.

Autonome et indépendant, à l'âge de 14 ans, il part de chez

lui, quittant le Kansas pour s'installer au Colorado chez des membres de sa famille près du village d'Estes Park et du pic Longs. Sa famille espère que sa santé s'améliorera en s'installant au Colorado plutôt qu'en restant dans une ferme aride du Kansas.

Le Révérend Elkanah Lamb (1832-1915), un cousin du père d'Ann et du mari d'Ann, l'attend sur place dans son auberge, la *Longs Peak House*. Elkanah Lamb est l'un des premiers guides de montagne professionnels dans la région. Mais en arrivant sur place, Enos s'installe finalement au lodge d'Elkhorn, l'un des premiers lodges d'Estes Park, où il trouve aussi du travail : il fait la vaisselle, coupe le bois, porte le courrier, sert de temps en temps les hôtes du lodge. Ce déménagement lui permet d'échapper en grande partie à l'école publique. Il apprend par lui-même et devient autodidacte.

Enos aime parcourir les montagnes et observer la nature. Pendant son adolescence, il travaille et économise son argent. Il travaille comme garçon de courses dans des fermes ou des ranchs des plaines du Colorado pendant l'hiver, et son deuxième été là-bas, il le passe à travailler chez son cousin Elkanah Lamb. Il passe la plus grande partie de son temps libre dans les plaines ou dans les bois où il observe la flore, la faune et les sommets du Colorado. Il apprend à connaître la forêt.

Pendant l'été 1885, âgé de 15 ans, il assiste Carlyle Lamb, le fils d'Elkanah Lamb, pour partir en montagne et porter des équipements de photographie pour un groupe que Carlyle doit guider. Enos gravit ainsi pour la première fois le sommet du pic Longs et il sait à cet instant qu'il veut être guide sur ce grand pic. En 1885, le pic Longs est devenu touristique : c'est un sommet à gravir, une aventure à 4346 m d'altitude et une randonnée pour les amateurs de plein air dans la région qui deviendra plus tard le parc national des Montagnes Rocheuses.

Enos arrive très vite à la conclusion que travailler pour travailler n'est pas bon. Le travail devrait le plus possible ressembler au jeu comme chez les animaux. Il adore le jeu qu'il voit partout dans la nature chez les animaux sauvages. L'apprentissage doit pour lui se faire par l'expérience directe, l'amusement et une curiosité sans limite. Il découvre la solitude qui lui donne beaucoup de temps pour se construire sa maison : il choisit un endroit qu'il aime en face de la maison d'Elkanah Lamb, la *Longs Peak House*, et commence la construction d'une cabane à 15 ans qu'il termine l'été suivant. Il observe les animaux sauvages et parcourt les montagnes et les forêts avoisinantes à la recherche de tout ce qui l'inspire ou éveille sa curiosité. Il écoute les sons de la nature, le bruit des rivières, du vent, des oiseaux.

En 1887, Enos gravit seul le pic Longs et à l'automne, il quitte Estes Park et part en direction du nord jusqu'à Butte dans le Montana où il trouve un travail pour la mine d'Anaconda Copper. Il vit et travaille à Butte de façon intermittente jusqu'en 1902. Il passe ses étés à parcourir la côte ouest des États-Unis et l'Alaska. Il voyage aussi en Europe.

C'est de sa rencontre avec John Muir (1838-1914) en 1889 qu'il trouve un but dans sa vie. Se promenant sur une plage de San Francisco, il voit un homme parler intensément à un groupe de personnes. Intéressé, une fois le groupe parti, il s'approche de l'homme et c'est ainsi que John Muir lui raconte l'histoire complète d'une plante qui avait été extirpée d'une dune de sable. John Muir inspire le jeune homme sur la nature, les merveilles de la création, les animaux, les oiseaux, les fleurs, les rochers, les glaciers, les montagnes, les arbres, sur la beauté et la fascination du monde extérieur : chaque chose vivante a sa propre biographie, sa propre histoire à raconter. À partir de ce moment, Enos se consacre à la nature et à l'écriture.

En 1890, il retrouve la santé : un médecin lui découvre son incapacité à digérer les aliments riches en amidon. Il commence à prendre des photographies.

Après 1900, il commence à écrire de nombreuses histoires pour des magazines destinés à un jeune public comme *Youth's Companion* et *The American Boy*. Sa mère lui a appris à voir la nature dans son intégralité et à s'en absorber pour pouvoir raconter plus tard une expérience colorée et captivante, pour montrer la vie des oiseaux, des animaux, des arbres, pour retranscrire la poésie qu'on trouve dans la nature. Et c'est John

Muir qui lui a inspiré d'ajouter des faits scientifiques. Enos mélange ainsi dans ses histoires émotions et réflexions scientifiques.

Jusqu'en 1902, il continue de travailler à l'automne pour des mines ou des ranchs, et l'été, il repart à Estes Park où il gagne sa vie comme guide de montagne en accompagnant des touristes jusqu'au pic Longs. Durant ces années, il évolue de garçon s'occupant des outils de mine à mineur puis à ingénieur.

En 1902, Enos retourne au Colorado et achète près d'Estes Park la maison d'Elkanah Lamb, la *Longs Peak House* : il possède alors la maison principale, les installations pour les hôtes, divers bâtiments autour de la propriété et 65 hectares autour de sa cabane. Depuis les années 1890, la propriété a grandi d'une ferme laitière à un centre dans lequel les grimpeurs et ceux visitant la nature se retrouvent. Son domaine devient une retraite dans la nature. En 1902, il adopte un chiot border collie qu'il nomme Scotch. En 1903, il adopte deux oursons grizzlys orphelins, Johnny et Jenny, vivant sur le domaine mais plus tard dans la même année, ils sont emmenés au zoo de Denver car trouver quelqu'un pour les nourrir et prendre soin d'eux en l'absence d'Enos devient difficile.

En 1904, il renomme sa propriété *Longs Peak House* en *Longs Peak Inn* et commence à moderniser les installations. Les hôtes logeant dans le *Longs Peak Inn* peuvent découvrir la nature, la contempler tranquillement et se ressourcer. Dans les parties communes de l'hôtel, la musique est interdite, de même que la danse, les jeux de cartes, l'alcool ou le tabac. Malgré cette austérité apparente, pour Enos, la détente et le repos proche de la nature doivent se passer des jeux de cartes ou des divertissements de la ville et il réussit à garder l'hôtel plein. Il veut que le *Longs Peak Inn* reflète la tranquillité de la nature. La nature offre d'elle-même les divertissements : les montagnes avoisinantes à parcourir avec le pic Longs et les Rocheuses, les jardins sauvages à découvrir avec leurs fleurs éblouissantes, les ruisseaux à écouter, les forêts remplies d'oiseaux avec leurs chants et leurs cris, l'odeur des conifères, la limite des arbres, le lac Chasm à voir. Il y a les soirées passées près des bûches flamboyantes de la grande cheminée, les histoires à raconter près du feu après le dîner ou encore des marshmallows à griller autour d'un grand feu dehors. Enos souhaite que les gens aillent dans la nature, que la nature les inspire et leur redonne la santé. L'hôtel a l'électricité, le téléphone, des installations pour les sanitaires et des lits confortables malgré l'austérité apparente.

Avant l'âge de 30 ans, il gagne la réputation d' "homme des neiges" : il connaît l'hiver et vit dans la nature sans protection pendant plusieurs semaines d'affilée. Du début des années 1890 jusqu'en 1905, il parcourt les montagnes et se fait connaître pour son goût pour l'aventure, la prise de risque, le manque de confort et d'équipement lorsqu'il voyage, le peu de nourriture qu'il prend avec lui, sa capacité à survivre dans la montagne en cas de tempête, dans la nuit ou dans n'importe quelle condition où il évite de justesse la mort. Il improvise toujours ses campements : il dort sous des rochers ou sous des troncs, il se creuse des abris dans des congères. Sa capacité à survivre dans la nature lui vient d'années d'entraînement passées dans la nature par toutes les saisons où il a développé une bonne endurance physique, une attitude mentale et une confiance en la Nature. Il n'emporte généralement qu'un sac de couchage, une petite hache pour couper du bois, des allumettes, des raisins secs, son appareil photo et ses raquettes pour marcher dans la neige.

De 1902 à 1906, il travaille comme observateur des neiges et des glaces pour l'état du Colorado. Il est employé pour mesurer la profondeur des neiges et ainsi pendant trois hivers successifs, il traverse et explore seul les Montagnes Rocheuses pour observer la neige et noter tout ce qui pourrait être intéressant pour le Département de l'Agriculture ou le Bureau de la Météorologie, notamment pour prévoir la fonte des neiges au printemps et en été. C'est un travail dont personne ne veut car il est dangereux de voyager seul dans les montagnes en hiver, mais les informations recueillies sont précieuses pour les agriculteurs et les fermiers. Enos utilise des raquettes ou des skis pour parcourir les hauteurs enneigées pendant l'hiver.

À 35 ans, il peut se vanter d'avoir établi un campement dans chaque état de l'Union ainsi qu'au Canada et en Alaska. Il voyage souvent seul. Il n'a pas peur de la nature sauvage et n'a jamais été attaqué par un animal. C'est pourquoi il n'a jamais eu besoin de porter une arme à part une petite hache pour couper du bois.

Enos mange généralement peu. Il emporte souvent des raisins secs pour ses randonnées de plusieurs jours en montagne. Il boit du café très fort. Pour survivre dans la nature, il lui est déjà arrivé de manger l'écorce interne de tremble, qu'il consomme crue, grillée ou bouillie. En se promenant dans la nature ou en gravissant les sommets, il oublie souvent de manger.

Enos s'intéresse aux animaux pour apprendre comment ils vivent et comment ils se comportent. Chaque observation, même banale, ou de leur quotidien, est une histoire dans la vie de l'animal. Il profite de chaque vision de la vie dans la montagne et dans la forêt.

L'ascension la plus marquante qu'il ait eu en guidant des touristes, c'est en 1905 quand il guide Harriet Peters jusqu'au pic Longs. Harriet est une petite fille âgée de 8 ans et est la personne la plus jeune à gravir le sommet à l'époque. Elle est émerveillée de voir des arbres pousser dans la neige. Elle a une curiosité instinctive qu'ont les enfants et qu'Enos essaye d'éveiller chez les adultes. Il passe l'été 1906 à guider des groupes et des touristes jusqu'au pic Longs.

Il commence à devenir célèbre en tant qu'écrivain après avoir donné des discours publics où il plaide pour sauvegarder les forêts et lutter contre l'inattention qui cause des feux de forêt destructeurs. Après 1906, sa vie publique l'empêche de continuer à guider les groupes et les touristes de manière active. Son dernier été comme guide en 1906, il grimpe jusqu'au pic Longs 32 fois en 31 jours dont 6 fois de nuit. Après, il se consacre davantage à sa carrière d'écrivain et de conférencier.

En juin 1906, le *Longs Peak Inn* brûle entièrement pendant qu'Enos donne une conférence dans le Minnesota. Bien que la majorité de ses effets personnels soient dans sa cabane, une partie de ses carnets, de ses livres et de ses photographies sont brûlés. Mais il se dit ne pas être découragé puisqu'il a encore la santé, un merveilleux paysage à contempler, son amour pour la nature et son amour intense pour la vie, ce qui devrait être suffisant pour n'importe qui.

Il reconstruit le *Longs Peak Inn* avec un design simple et rustique. Il ajoute de nombreuses fenêtres pour admirer la vue sur la nature. Le lodge principal et les cabanes attenantes sont construits à partir du bois d'arbres détruits par un ancien feu de forêt dans la région.

En 1905, Gifford Pinchot devient le premier chef du Service des Forêts des États-Unis. Il est la force dominante du mouvement de conservation aux États-Unis et il souhaite réformer l'utilisation des forêts : pour lui, les forêts doivent être gérées intelligemment en coupant les arbres matures et en replantant des graines d'arbres afin d'avoir toujours à disposition des ressources suffisantes en bois pour les besoins de la population. Le président Theodore Roosevelt et Gifford Pinchot comprennent rapidement l'impact qu'Enos pourrait avoir grâce à sa réputation pour que la population soutienne leur mouvement de conservation. Le gouvernement engage alors Enos pour représenter le Service des Forêts et donner des conférences sur la conservation des ressources forestières. Enos devient donc conférencier pour le gouvernement de 1907 à 1909.

Il fait ses discours dans des maisons pour des rassemblements privés, dans des salles de réunion, dans des églises ou dans des auditoriums avec plus d'un millier de personnes. Durant ses conférences, il essaye d'expliquer l'avantage de préserver les forêts et de les utiliser de façon intelligente mais les gens connaissent peu de choses sur la foresterie et les arbres d'autant plus que le concept de forêts nationales ne fait pas l'unanimité dans un pays où le sentiment anticonservationniste est fort, en particulier dans l'Ouest. Ses discours se focalisent en général sur la vie des arbres, la vie des animaux sauvages, la préservation de la nature, les problèmes liés aux exploitations forestières abusives et aux feux de forêt. Il cherche à attirer l'attention sur les feux de forêt destructeurs et l'importance d'établir de vastes réserves naturelles pour préserver le paysage et la vie des animaux sauvages.

En 1909, son premier livre majeur, la *Vie Sauvage sur les Rocheuses*, le fait connaître du grand public. Son deuxième livre en 1911, *l'Envoûtement des Rocheuses*, est un bestseller. En 1913, il publie *Dans le monde des castors*. Dans les années 1910, nombreux de ses textes et histoires apparaissent dans divers magazines comme *Saturday Evening Post, Country Life, American Boy, McClure's, Youth's Companion*... En 1914, ses écrits lui permettent de compenser les pertes financières de son hôtel-auberge. Gagnant en réputation, il devient un écrivain spécialisé sur la nature et est publié par la maison d'éditions *Houghton Mifflin Company*. Son écriture simple, enthousiaste et sincère lui permet d'être compris de tous et ses livres attirent également les jeunes lecteurs. Il arrive à transmettre sa curiosité de la nature dans ses livres.

Estes Park devenant une destination de tourisme populaire, il commence à 40 ans à faire campagne pour fonder le parc national des Montagnes Rocheuses. Pour Enos, l'idée d'un parc signifie retrouver sa forme physique et mentale et ses racines dans la nature. Il craint que le tourisme attire davantage de développement commercial et empêche les gens de se ressourcer. Il cherche ainsi à préserver la région autour d'Estes Park qui attire de plus en plus de touristes, région qui serait protégée en étant un parc national. Mais le Service des Forêts s'oppose à sa création. Enos utilise ses discours, ses livres, ses photographies et son enthousiasme afin de promouvoir l'idée du parc. Il souhaite avoir un parc protégé et préservé d'environ 2500 km^2. Son expérience quand il travaillait pour les mines et ses années passées dans la nature sauvage lui donnent une perspective équilibrée et une vision sage sur la conservation.

En 1915, le 26 janvier, le président Thomas Woodrow Wilson promulgue la création du parc autour d'Estes Park : le parc national des Montagnes Rocheuses devient ainsi le dixième parc national. Mais il ne fait que 910 km^2. Enos est alors surnommé "le père fondateur du parc national des Montagnes Rocheuses". Cette même année, il publie *le pays merveilleux des Montagnes Rocheuses* et en 1916, il publie *l'histoire de Scotch le chien*.

Pendant l'été 1916, Esther Burnell, 27 ans, accompagnée de sa sœur Elizabeth, 29 ans, arrivent au *Longs Peak Inn* dont elles ont entendu parler lors d'une conférence d'Enos à Cleveland pendant l'automne 1915. Après leurs vacances de deux semaines, Elizabeth repart en Californie pour reprendre son travail. Mais Esther n'est pas prête à repartir. Elle en a assez de sa vie comme décoratrice d'intérieur à Cleveland. Elle veut poursuivre ses nouveaux rêves dans l'Ouest, notamment s'installer et bâtir une maison. Elle reste au *Longs Peak Inn*, travaillant en partie comme secrétaire pour Enos. L'hiver arrivant, elle continue de travailler pour Enos.

Deux ans plus tard, Esther choisit de s'installer à 6 km à l'ouest d'Estes Park. Pendant l'été 1917, sa sœur Elizabeth lui rend visite et toutes les deux sont formées pour être guides de nature pour le *Longs Peak Inn*. Esther devient la première guide nature à être habilitée par le Service des Parcs Nationaux.

Le 12 août 1918, Esther et Enos se marient. La cérémonie est simple et se fait dans la cabane d'Enos juste en face du *Longs Peak Inn*. Près de sa petite cabane qu'il avait construite, il a maintenant une maison en rondins plus spacieuse pour sa femme et lui, et leur bébé attendu pour le printemps suivant. Lui qui avait été solitaire si longtemps, lui qui avait attendu si longtemps pour partager la nature avec une compagne et une famille, il va enfin être papa. Le 27 avril 1919, sa fille Enda naît.

En 1919, le parc attire 170 000 visiteurs. Il publie *le Grizzly : notre plus grand animal sauvage*. En 1920, il publie *les Aventures d'un guide nature* et en 1921 *Attendre dans la nature*.

En janvier 1922, il a un accident dans le métro de New York où il se casse les côtes. En février, il contracte la grippe. Il se remet de ses soucis de santé lentement, retrouvant en partie son énergie et son enthousiasme habituel. Mais à la fin de l'été, un abcès grave nécessite une chirurgie de la mâchoire et l'extraction de dents. Dans la nuit du 20 septembre au *Longs Peak Inn*, il part se coucher après avoir souhaité une bonne nuit à ses hôtes. Il se réveille en détresse plus tard dans la nuit. Il meurt le 21 septembre. Sa mort serait due à un empoisonnement du sang causé par une dent infectée et qui aurait arrêté son cœur. Il est enterré à côté de sa cabane et des feuilles de tremble l'accompagnent dans sa tombe. Enos avait un jour écrit, "chaque vie pourrait finir aussi glorieusement qu'une feuille d'automne".

Après sa mort, sa femme Esther continue de rassembler et de publier les écrits de son mari. Elle continue de diriger le *Longs Peak Inn* jusqu'en 1945 et le vend en 1946. Elle meurt à 75 ans en 1964. Sa fille Enda meurt en 2009.

Sources :

- Article sur Enos Mills dans l'encyclopédie anglaise *Wikipedia* : en.wikipedia.org/wiki/Enos_Mills
- Enos' History sur le site *Enos Mill Cabin* : www.enosmills.com
- *Enos Mills Citizen of Nature* d'Alexander Drummond publié par University of Press Colorado en 1995

Du même auteur
Enos A. Mills

Livres en français :

Dans le monde des castors, 2017.

L'histoire de Scotch le chien et autres récits de la vie sauvage, 2017.

Vie sauvage sur les Rocheuses, 2017

Livres en anglais :

The Story of Estes Park, 1905.
Wild Life on the Rockies, 1909.
The Story of a Thousand-Year Pine, 1909.
The Spell of the Rockies, 1911.
In Beaver World, 1913.
The Story of a Thousand-Year Pine and other tales of wild life, 1913.
The Rocky Mountain Wonderland, 1915.
The Story of Scotch, 1916.
Your National Parks, 1917.
The Grizzly, Our Greatest Wild Animal, 1919.
The Adventures of a Nature Guide, 1920.
Waiting in the Wilderness, 1921.
Wild Animal Homesteads, 1922.
Watched by Wild Animals, 1922.
The Rocky Mountain National Park, 1924.
Bird Memories of the Rockies, 1931.

Index

Accident 12, 26, 94, 156.
Accouplement 23-24.
Affrontement 16, 19, 21, 28, 103-104, 113-115, 118-119, 143, 144.
Âge 15, 27-28, 121. *Voir aussi* Castor âgé.
Air : poche d'air 125, 127, 173. *Voir aussi* Maison : ventilation et aération.
Alimentation. *Voir* Nourriture.
Apprivoisement : castor apprivoisé 20-22, 141-148.
Approvisionnement en eau. *Voir* Étang : alimenter en eau.
Arbre : arbre fruitier 25. *Voir aussi* Couper les arbres, Nourriture *et* Récolte.
Assainissement 128-129, 151.
Astor, John Jacob 37.
Attachement local 68-69, 91, 92-93, 96, 161, 179.
Audubon, John James 40.
Automne 16-17, 19, 20, 25, 34-36, 56, 68, 73, 75, 80-81, 96, 99, 102, 106, 107, 108, 113, 115, 118, 124, 129, 149-150, 165, 167, 172, 175, 185.
Badlands 46.
Barrage : agrandissement 49, 52-53, 84, 190 / circulation 51, 187 / construction 46, 47, 53-54, 105, 162, 163, 186-187 / débit d'eau des barrages 50, 132-134, 188-189 / dimensions d'un long barrage 54 / dimensions d'autres barrages 9, 46, 53, 54, 57, 84, 94, 95, 100, 105, 162, 187 / effet des barrages et étangs sur la topographie 51, 135-136, 164-165, 172-173, 179, 187, 189-191 / en travers des canaux 48, 72-73 / forme 52-53 / matériaux et matières 12, 46-47, 49, 53-54, 70-71, 75, 94, 105, 114, 145, 151, 162, 165 / nouveau et ancien 49, 84, 106, 159, 163-165, 190 / rendre étanche 54, 149 / tous les castors ne construisent pas des barrages 50 / un barrage intéressant 53-54 / utilité 46-47, 48, 50, 57, 150 / le barrage de bois mort 93-97 / à travers un fossé de drainage 113-114 / le barrage d'un homme complété par des castors 120-121 / photo 17, 54, 55.
Bassin pour la nourriture 69, 70, 72, 73, 82, 151. *Voir aussi* Pile de nourriture.
Bois mort 25, 93-97, 160.
Canada : l'emblème du Canada 33.
Canal : 53-54, 59, 92, 94-97, 118, 163-172, 179 / canaux sur le lac Lily 69 / creusé en hiver 127 / dimensions 53, 59, 69, 71, 72-74, 91, 96, 118, 160, 164, 179 / forme des canaux 71 / importance 70-71 / système à Three Forks dans le Montana 72-74 / utilisation des matières extraites 19, 70-71, 118, 161.
Castor âgé : 9, 20, 22, 23, 27-28, 142, 143, 144, 153 / de la colonie de l'Arbre Cassé 160 / de la colonie de l'Épicéa 56, 63-64 / du lac Lily 68-70, 111, 119, 121 / de la colonie de la Moraine 101 / migrant vers la colonie de la Moraine 107-108 / de la colonie de la Prairie 163, 166-171.
Castoréum 33, 34.

Chansonnette d'amour 23.
Chemin. *Voir* Piste.
Cheminée de ventilation. *Voir* Maison : ventilation et aération.
Civilisation : l'influence des castors sur la civilisation 36-37.
Colonie de l'Arbre Cassé 154-162.
Colonie de la Cascade 149-153.
Colonie de l'Épicéa : origine 162 / temps de récolte 56-65 / tunnels 75-76.
Colonie de l'Île : méthode de récolte 62.
Colonie du lac Lily : conflit avec l'homme 113-115, 118-119 / Dos-droit 111, 115-121 / maison 78 / première colonie 111-113 / sécheresse 68 / tempête 116-117 / vieux castor qui passe l'hiver seul 68-70.
Colonie de la Moraine : ancien site réinstallé 106 / aventures ultérieures de la colonie 106-110 / conservation des truites 132-133 / découverte et observation de la colonie 99-102 / ingénierie de la colonie 91, 93-97 / jeunes castors 24 / maisons détruites par le feu 102 / migration de la colonie 103-105 / nouveau site de la colonie 105.
Colonie de la Prairie 163-174.
Compagnie Américaine des Fourrures 37.
Compagnie de la Baie d'Hudson 36, 40.
Compagnie du Nord-Ouest des Fourrures 37.
Conditions météorologiques difficiles 68-70, 116-117, 124-125, 149-153, 156, 175-181. *Voir aussi* Feu, Glace et gel, Hiver *et* Sécheresse.
Coopération 20, 21-22, 24-25, 52, 81, 100-101, 109-110, 120-121, 143-144, 169, 179, 191.
Couchage 21, 80, 128, 144, 147.
Couleur 12, 141, 146.
Coulée 74, 193. *Voir aussi* Piste *et* Toboggan.
Couper les arbres : accidents 94 / diamètre et hauteur des arbres coupés 13-14, 58, 60-64, 101, 144, 160, 168, 170-171, 176-177, 180, 183 / intelligence démontrée pour abattre les arbres 26, 42, 60-61, 170-171, 183-184 / méthode pour couper les arbres 13-14, 26, 63-64, 171, 182-184 / nombre d'arbres coupés : *voir* Récolte / opérations entreprises pour couper les arbres 58-64, 93-97, 176-178 / rassemblement des arbres coupés : *voir* Récolte / le plus grand arbre coupé mesuré 13-14, 160 / photo 65-67.
Couper les branches 14, 58, 60, 61, 64, 101, 142, 171, 184.
Coyote 15, 21, 62, 68, 87, 104, 107, 143, 144, 151.
Cri 16, 19, 21, 22, 23, 141, 143, 144, 147. *Voir aussi* Chansonnette d'amour, Queue : signaler avec la queue, Sifflement *et* Son et silence.
Crue et inondation : 127-128, 161, 181 / dégâts évités par les castors 132-134, 182, 188-191.
Débit d'eau 50, 51, 132, 133-134, 182, 188-189.
Dent 10, 11, 12, 18, 31, 34, 142, 180, 185.
Domestication. *Voir* Apprivoisement.
Dos-droit, un pionnier castor 111, 115-121.
Dunraven, Lord 113.

Eau : photo de castor dans l'eau 8, 18, 30, 67, 76, 110, 138, 139, 173, 195, 196. *Voir aussi* Débit d'eau, Étang *et* Régulation de l'eau.
Entraide. *Voir* Coopération.
Environnement 8, 25, 51, 132-137, 164, 172-173, 179, 182, 187-191.
Érosion : endiguée par les castors 132, 134-135, 189, 191.
Erreur 42, 47-48, 95, 186.
Estes Park dans le Colorado 111, 113. *Voir aussi* Lac Lily.
Étang : abaisser le niveau sous la glace 125, 126 / alimenter en eau 57, 75-76, 93-95, 159, 165, 167 / autrefois abondant 32, 46, 135, 136 / canaux au fond 68, 71, 127, 179 / création 50, 75, 93-95, 150, 159, 164 / drainer 128-129 / effet sur le débit d'eau 132-136, 182, 188-189 / groupe ou chaîne d'étangs 52, 57, 74, 75, 84, 93, 100, 133, 165, 190 / rempli par une source d'eau 57, 75, 82, 126, 151, 162 / réservoir qui fuit 133-134, 188-189 / taille et profondeur 46, 48, 57, 71, 79, 84, 85, 95, 149-150, 152, 164 / en sécurité : *voir* Sécurité dans l'eau et la maison / utilité 48, 49, 50, 149-150 / photo 17, 54, 55, 88, 90, 130.
Été 10, 23, 24, 25, 65, 70, 83, 86, 91, 106, 108, 113, 116, 117, 118, 120-121, 124, 129, 149, 158-159, 161, 163, 165, 171, 178, 179, 180, 181, 185.
Europe : le castor en Europe 31, 50, 192.
Exclusion 27-28.
Exploration 25, 86-87, 108, 115, 165.
Faim et famine 12, 102-103, 175-181.
Feindre une blessure 22-23. *Voir aussi* Ruse.
Feu 20, 91-93, 96, 102-105, 146, 154-156, 161, 175, 177.
Fleuve Colorado (Colorado River) 22, 37.
Force 11, 12, 180.
Fossé : conflit autour d'un fossé 113-115, 119. *Voir aussi* Canal.
Fossile de castor 31.
Glace et gel : catastrophe causée par la glace 116-117 / glace sur l'étang 74, 83-85, 87, 113, 116-117, 123-124, 125-128, 145, 150, 152, 156, 172, 173, 179-180 / problème pour l'existence des castors 43, 64, 69-70, 71, 82, 127-128, 151-153, 162, 175-181 / trous dans la glace 125, 126, 128, 176, 180-181 / victimes de la glace 69-70, 116-117, 151-153, 181 / photo 130, 131.
Glissade et pente glissante. *Voir* Toboggan.
Glissement de terrain 159, 161.
Grand Canyon 22, 37, 136.
Griffe 9-12, 142, 157, 160, 167.
Hearne, Samuel 40.
Helena dans le Montana 186.
Histoire : le castor dans l'histoire 31-34, 36-37.
Hiver : 13, 34-35, 82, 87, 106-107, 116, 132, 156, 162, 172 / famine en hiver 178-181 / hiver et sécheresse 150-153 / un vieux castor qui passe l'hiver seul sur le lac Lily 68-70 / la vie des castors en hiver 122-129 / photo 130, 131, 191.

Homme – relation entre l'homme et le castor : conflit 20, 25, 27, 106, 108, 111, 113-115, 118-119, 175, 191 / coopération 119-121, 134, 136, 191 / domestication 22 / ferme d'élevage 37 / Plongeur le castor de compagnie 20-22, 141-148 / utilité des castors pour l'homme 132-136, 182, 188-191 / vieil homme amical 119-121. *Voir aussi* Civilisation, Piège *et* Trappeur.
Indien : 27-28 / légendes sur le castor 31, 189.
Individualité 26, 28, 47, 183-184.
Ingénierie 43-44, 91-97, 99, 113, 132, 164, 169, 180, 182, 189-190.
Intelligence 19, 22-23, 28-29, 35, 41-44, 60-61, 81-82, 93-94, 162, 165, 169, 170-171, 183-184, 186-187. *Voir aussi* Ruse.
Irrigation : fossés d'irrigation 25, 113-115, 119, 134.
Jeu 16, 20, 24, 29, 62, 101, 120, 141-142, 143, 147-148, 165, 167, 169-170, 173, 185.
Jeune. *Voir* Petit.
Jour : travailler en plein jour 27, 60, 62, 101, 159, 160, 163, 166, 168.
Kingsford, William : son *Histoire du Canada* 36.
Lac Chasm (Chasm Lake) 93.
Lac Lily (Lily Lake) : castors pionniers du lac Lily 111-121 / description du lac Lily 112 / maison de castors sur le lac Lily 78 / sécheresse du lac Lily 68-70.
Leader ou chef 19-20, 56, 100-102, 107-108, 109, 168-169, 173.
Lewis et Clark : explorateurs 32 / sentier de Lewis et Clark 20, 141.
Légende 27-28, 31, 44-45, 189.
Lion des montagnes (couguar ou puma) 15, 51, 87, 103-104, 107, 124, 154-155, 169, 187.
Long, Stephen Harriman : son Journal 27.
Longfellow, Henry Wadsworth : son *Hiawatha* cité 44-45.
Loup gris 15, 51, 62, 73, 120, 122, 124, 144, 169, 177, 187.
Loutre 15, 28, 194.
Lynx 15, 28, 144, 169.
Main : forme 12, 142 / utilisation 10, 157, 167, 185-186.
Maison : agrandissement 20, 78, 108-109 / conçue pour faire face à la montée des eaux et aux crues 128 / construction 9, 43, 70, 78-81, 84-86, 99, 105, 107, 166, 175 / dimensions 57, 78, 79, 84-85, 109, 166, 184 / enduite de boue 9, 34, 35, 65, 79-81, 84, 100, 106, 117, 161, 185 / entrées 48, 69-70, 74, 78, 79, 85, 126, 145, 172 / maison atypique 166 / maison typique 78, 84-85, 184-185 / occupants 20 / situation 25, 72, 78, 81-82, 93, 99-100, 145, 152, 162, 166, 175, 184, 186-187 / terriers à la place des maisons 73, 83, 105, 145, 151, 161, 172 / ventilation et aération 80, 85-86, 125, 126, 151-152, 166 / photo 17, 38, 39, 88, 89, 130.
Majors, Alexander : son *Soixante-dix ans de Frontière* 43-44.
Mare. *Voir* Étang.
Marsh, George Perkins 187.
Martin, Horace T. 37.
Merle : relation entre une mère merle et des castors 158.

Merle d'eau (cincle d'Amérique) 123, 157.
Météorologie : prévisions météo 34-35.
Migration : 19-20, 28, 35, 48-49, 68, 75, 86, 91, 92, 102-105, 107-108, 111-112, 115, 116, 117, 150, 151, 155-156, 158-159, 161, 164-165, 175 / migration d'été 25, 86-87, 108, 165.
Mont Meeker 83, 154, 167, 175.
Montagne Lily 112, 115.
Montagnes de Medicine Bow 122.
Montagnes de Sawtooth 46.
Moraine de Bierstadt 91-92.
Morgan, Lewis H. : son *Castor américain et ses ouvrages* 41, 43.
Mort 12, 16, 22, 24, 26, 28, 94, 102-104, 105, 106-107, 112, 114, 116, 117, 119, 120, 121, 124, 136, 148, 151, 152-153, 156, 177, 180-181, 191.
Mouche 167.
Mouflon (mouton des montagnes) 120, 157.
Nage : 48, 109, 147, 158, 167, 169, 170, 173, 176, 181, 184 / méthode de nage 10-11, 146 / photo de castor en train de nager 76, 110, 195.
Neige : 122-131, 177-181 / photo 130, 131, 191. *Voir aussi* Conditions météorologiques difficiles, Glace et gel *et* Hiver.
Nom de lieu emprunté au castor 33.
Nourriture : 13, 20, 21, 22, 56, 63, 64, 70, 93-94, 126, 127, 142, 156, 160, 168, 171-172, 179, 180, 181, 185 / photo de castor en train de manger 30, 138, 196.
Nuisance 25.
Nuit : travailler de nuit 27, 56, 60, 61-62, 108-110, 154, 155, 159, 166-169, 177.
Odorat 11, 21, 142, 143, 145.
Ongle. *Voir* Griffe.
Or 135.
Oreille 11, 18.
Ouïe 11.
Ours 15, 51, 62, 81, 106, 122, 156, 169, 187.
Parasite 11-12, 15, 80, 86, 157.
Passage souterrain. *Voir* Tunnel.
Peau 12, 33-34, 36-37, 105, 141, 146.
Petit : naissance et soin des petits 23-25, 157-158 / développement et jeu des petits 10, 24, 147, 157-158, 184, 185 / le petit Plongeur 20-22, 141-148 / photo 29, 38, 39.
Physique 10-12, 48, 111, 141, 142, 146, 185.
Pic Longs (Longs Peak ou Long's Peak) 7, 56, 83, 91, 99, 108.
Pied : forme 11, 142, 167 / utilisation 10, 11, 157, 160, 176, 185-186.
Piège 28, 114, 118-119. *Voir aussi* Trappeur.
Pile de nourriture : 14-15, 35, 42, 58-60, 61-62, 64, 82, 97, 101, 103, 108, 118, 123, 126, 127, 153, 155, 156, 162, 168, 172, 185 / faire couler le bois au fond de l'étang 14-15, 59-60, 168.

Piste 56-57, 58-61, 71, 74, 76, 102, 104-105, 115, 155, 170, 176-177. *Voir aussi* Toboggan.
Plongeur, le jeune castor 20-22, 141-148.
Poids 11, 12, 63, 171, 192, 194, 195.
Poisson : 13, 113, 120, 168, 180 / point d'eau pour les poissons 51, 127, 132-133.
Population : changements 20, 28-29, 35, 111. *Voir aussi* Migration.
Posture 11, 146, 185.
Poteau de clôture 25.
Prédateur 15, 21, 26, 27, 28, 48, 49, 56, 62, 63, 65, 68, 73, 81, 83, 87, 91, 92, 100, 103-104, 105, 106, 107, 112, 118-119, 120, 122-123, 124, 127, 143, 144, 148, 151, 154-155, 156, 169, 177, 185. *Voir aussi* Affrontement, Piège, Trappeur *et* Homme – relation entre l'homme et le castor : conflit.
Printemps 25, 43, 70, 106, 120, 127-128, 150, 157-158, 172, 181.
Protection par l'homme 32, 37-38, 120, 134, 136. *Voir aussi* Sécurité.
Puits de nourriture. *Voir* Bassin *et* Pile de nourriture.
Puits de ventilation. *Voir* Maison : ventilation et aération.
Queue : forme et apparence 10, 11, 12, 141, 146, 167 / récits fabuleux sur l'utilisation de la queue 40 / signaler avec la queue 22, 23, 26, 64, 101, 144, 167, 171, 183, 185 / utilisation de la queue 10, 11, 14, 146, 161, 183, 185.
Ragondin 193, 194, 195.
Raisonnement. *Voir* Intelligence *et* Ruse.
Rat musqué 32, 170, 193, 195.
Récits fabuleux 40.
Récolte : nombre d'arbres récoltés 62, 64, 97, 108, 170, 172 / rassemblement des arbres récoltés 27, 56-65, 96-97, 101-102, 154, 167-168, 170-171, 176. *Voir aussi* Couper les arbres, Nourriture *et* Pile de nourriture.
Régulation de l'eau 50, 51, 113, 132, 133-134, 182, 188-189, 191.
Renard 123.
Répartition géographique 31-33, 37, 134, 135, 192.
Respiration 11, 18, 85, 126, 127, 173, 181. *Voir aussi* Maison : ventilation et aération.
Rivière Arkansas (Arkansas River) 135.
Rivière Colorado (Colorado River). *Voir* Fleuve Colorado.
Rivière Grand (Grand River) 190.
Rivière Jefferson (Jefferson River) 13, 54, 71, 77.
Rivière Missouri (Missouri River) 32, 41, 75, 86, 186.
Rivière Snake (Snake River) 22, 147.
Rivière South Platte (South Platte River) 187.
Rivière Wind (Wind River) 68, 111, 115, 117, 118.
Romanes, George J. 43.
Ruisseau Pipestone (Pipestone Creek) 13.
Ruse 22-23, 158.
Sécheresse 68, 102, 113, 119, 133-134, 149-153, 182, 188-189.
Sécurité dans l'eau et la maison 27, 48-49, 68, 70, 71, 73, 74, 81, 82-83,

87, 100, 112, 113, 122, 126, 128, 144, 150, 151, 154, 155, 160, 166, 169, 171-172, 185. *Voir aussi* Protection par l'homme.
Sédiment : un des problèmes difficiles de la vie d'un castor 49, 75, 82, 149, 159, 161, 162, 164 / sédimentation 49, 50, 51, 82, 106, 132, 134-135, 136, 149, 164, 172-173, 182, 188, 189, 190.
Sentier. *Voir* Piste.
Sifflement 21, 22, 23, 142, 144. *Voir aussi* Chansonnette d'amour *et* Cri.
Situation : choisir le lieu d'installation d'une colonie 25, 81-82, 162, 163, 175.
Sol : conservation des sols par le castor 132, 134-136, 182, 187-191. *Voir aussi* Barrage : effet des barrages et étangs sur la topographie *et* Environnement.
Son et silence 16, 19, 21, 22, 23, 87, 101, 109-110, 141-142, 143, 144, 147. *Voir aussi* Cri *et* Queue : signaler avec la queue.
Source d'eau : utilisation des sources 57, 68, 69, 71, 73, 75, 82, 112, 113, 126, 151, 162, 165, 167.
Taille 11, 12, 63, 192, 194, 195.
Terre : castors marchant sur la terre 10-11, 12, 19, 26, 27, 48, 56, 62-64, 104-105, 107, 112, 115, 120, 143, 146, 154, 169, 170-171, 176, 185 / photo de castor sur la terre 5, 17, 18, 29, 39, 67, 131, 137, 153, 191, 193, 196 / conservation de la terre par le castor : *voir* Sol.
Terrier : 9, 73, 83, 105, 145, 151, 161, 172 / une alternative aux maisons 82-83.
Three Forks dans le Montana : 32, 54 / système de canaux 71-74.
Toboggan 57, 58, 59, 61, 62, 71, 74, 75, 76, 123, 185.
Transport des matières pour la nourriture et la construction : 58-60, 61-62, 68-76 / canaux utilisés pour le transport 71-76, 92, 118, 159-160, 164, 167, 169 / pistes et tobogans utilisés pour le transport 57-59, 61-62, 74, 76, 102, 155, 156, 170, 176-177 / tunnels utilisés pour le transport 74-76, 177-178.
Trappeur et chasseur 16, 20, 22, 24, 27, 28, 32, 33, 34, 35, 36, 37, 62, 83, 86, 105, 106, 111, 118-119, 120, 123, 136, 141, 148, 166, 175, 191. *Voir aussi* Piège *et* Homme – relation entre l'homme et le castor : conflit.
Travail accompli par les castors 9-10, 51, 69, 93, 132, 164, 179, 181, 190.
Travailler comme un castor 29, 100-101, 110, 132, 179, 187 / persévérance et ténacité 8, 92-93, 96, 117, 119, 132, 154-162, 177, 187.
Truite 51, 127, 132-133, 180.
Tunnel 57, 74-76, 78, 79, 83, 85-86, 116, 117, 122, 125, 127, 145, 151, 152, 156, 166, 172, 177-178, 180-181.
Vie d'un castor 10, 15-17, 23-25, 29, 87.
Vue 11, 18, 21, 24, 143.
Willow Creek 112.

Crédits photos

5 : iStockphoto / mirceax. **8** : iStockphoto / Jillian Cooper. **17 haut** : iStockphoto / sarradet. **17 bas** : iStockphoto / sraubenstine. **18 haut** : iStockphoto / FotoFactory. **18 bas** : iStockphoto / Jillian Cooper. **29** : iStockphoto / Zoran Kolundzija. **30 haut** : iStockphoto / Frank Fichtmüller. **30 bas** : iStockphoto / Dean_Fikar. **38** : iStockphoto / robertcicchetti. **39 haut** : iStockphoto / robertcicchetti. **39 bas** : iStockphoto / Little_Things. **45** : iStockphoto / Yulia_Avgust. **54** : iStockphoto / viavado. **55 haut** : iStockphoto / Jef Wodniack. **55 bas** : iStockphoto / thirata. **65** : iStockphoto / stanley45. **66 haut** : iStockphoto / Adrian Wojcik. **66 bas** : iStockphoto / sergunt. **67 haut** : iStockphoto / Jillian Cooper. **67 milieu** : iStockphoto / Jillian Cooper. **67 bas** : iStockphoto / Jillian Cooper. **76** : iStockphoto / bgsmith. **77** : plan réalisé par A. R. Béhuret à partir du plan d'Enos A. Mills. **88 haut** : iStockphoto / robertcicchetti. **88 bas** : iStockphoto / dmfoss. **89** : A. R. Béhuret. **90** : A. R. Béhuret. **98** : plan réalisé par A. R. Béhuret à partir du plan d'Enos A. Mills. **110 haut** : iStockphoto / SylvieBouchard. **110 bas** : iStockphoto / ChrisBoswell. **121** : A. R. Béhuret. **130 haut** : iStockphoto / jpavlish. **130 bas** : iStockphoto / Akchamczuk. **131 haut** : iStockphoto / Anna39. **131 bas** : iStockphoto / Anna39. **137 haut** : iStockphoto / Musat. **137 bas** : iStockphoto / Jilllian Cooper. **138 haut** : iStockphoto / Jillian Cooper. **138 bas** : iStockphoto / RandyAlexander. **139** : iStockphoto / Jillian Cooper. **148** : A. R. Béhuret. **153** : iStockphoto / webmink. **173** : iStockphoto / Jillian Cooper. **174 haut** : iStockphoto / Dalinas. **174 bas** : plan réalisé par A. R. Béhuret à partir du plan d'Enos A. Mills. **191** : iStockphoto / KarelGallas. **193** : iStockphoto / EvergreenPlanet. **194 haut** : iStockphoto / Jillian Cooper. **194 bas gauche** : iStockphoto / Anna_Brothankova. **194 bas droite** : iStockphoto / A_Lein. **195 haut gauche** : iStockphoto / mirceax. **195 haut droite** : iStockphoto / Jillian Cooper. **195 milieu gauche** : iStockphoto / Jef Wodniack. **195 milieu droite** : iStockphoto / ivkuzmin. **195 bas** : iStockphoto / avs_lt. **196 haut** : iStockphoto / sstevens3. **196 milieu** : iStockphoto / Jillian Cooper. **196 bas** : iStockphoto / Jillian Cooper. **216** : A. R. Béhuret. **217** : A. R. Béhuret.

Remerciements

À ma mère
pour ses précieux conseils
et son temps

A. R. B.

Du même éditeur
Éditions Béhuret

1. Dans le monde des castors – Enos A. Mills
2. L'histoire de Scotch le chien et autres récits de la vie sauvage – Enos A. Mills
3. Vie sauvage sur les Rocheuses – Enos A. Mills

www.arbehuret.com

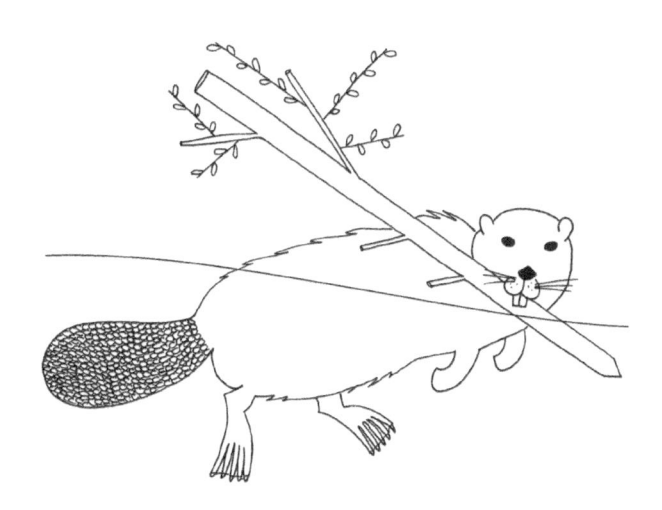

www.arbehuret.com

Édité par Justine A. R. Béhuret

Éditions Béhuret
82 chemin de Pissefontaine
78955 Carrières-sous-Poissy
France

ISBN : 979-10-97517-03-8

Dépôt légal : août 2018